Miguel Delibes

Aventuras, venturas y desventuras
de un cazador a rabo

D1270049

Miguel
Delibes

Aventuras, venturas y desventuras de un cazador a rabo

Ediciones Destino
Colección
Áncora y Delfín
Volumen 499

© Miguel Delibes
© Ediciones Destino, S.A.
Consell de Cent, 425. 08009 Barcelona
Primera edición: enero 1977
Segunda edición: noviembre 1987
Tercera edición: enero 1996
ISBN: 84-233-0657-7
Depósito legal: B 3.387-1996
Impreso por Limpergraf, S. L.
Carrer del Riu, 17. Ripollet del Vallès (Barcelona)
Impreso en España - Printed in Spain

*Al Dr. Olegario Ortiz, gran cazador y gran amigo,
con mi gratitud.*

Prólogo

Cuando yo escribí mi novela *Diario de un cazador*, admití, a preguntas de un periodista, que Lorenzo, el protagonista del relato, era yo precisamente, «pero un yo rebajado».

Posteriormente, Julián Marías, en su respuesta a mi discurso de ingreso en la Real Academia, hizo alusión a esta manifestación mía, animándome a escribir un libro sin rebajarme, esto es, sin persona interpuesta. Pues bien, ya está. Estas *Aventuras, venturas y desventuras de un cazador a rabo* no son otra cosa que mis personales experiencias cinegéticas, vividas entre 1971 y 1974.

Al comenzar a redactar esta agenda de caza hice un curioso descubrimiento: nunca, aunque coincidan los protagonistas y el escenario, las situaciones y el clima, hay una cacería igual a otra; cada excursión está individualizada por un repertorio de factores y matices imposibles de definir *a priori*. El anecdotario de cada una de mis modestas cacerías a lo largo de tres años es lo que he intentado apresar en este libro, cuyo título ya sugiere que la caza encierra también sus contrariedades o, si se prefiere, que ni aun para el cazador todo el monte es orégano.

En esta ocasión no se trata de divagar, aprovechando cualquier circunstancia, sobre el fenómeno de la caza, sino de levantar acta de lo que domingo tras domingo nos ha sucedido a mi cuadrilla y a mí en nuestros encuentros semanales con perdices, liebres y conejos. Esto no es obstáculo para que de estas experiencias, recogidas con más o menos amenidad, no puedan deducirse conclusiones muy concretas sobre el futuro de la caza menor por las tierras de Castilla la Vieja, a mi entender poco halagüeño.

M. D.

La desveda
(10 octubre 1971)

Abrimos la temporada con canícula: cielo despejado y fuerte sol y, en los bajos, al abrigaño de la ladera, un calor espeso y estancado, impropio de la estación. Estas temperaturas extemporáneas sientan mal a las perdices, las desbravan y enervan, y, a poco que uno se lo proponga, si prescinde de lo que en este deporte debe haber de noble competencia, puede acabar con ellas. Yo prefiero abatir un par de patirrojas con todas las de la ley, un día de helada, descolgándose a sesenta metros de una de estas ímprobas cuestas de Santa María, que una docena en aquellas condiciones. El buen tiempo urbano puede ser un mal tiempo cinegético si antes que en nosotros pensamos en las perdices.

Ante esta realidad yo no pude sino ponerle al buen tiempo mala cara en este 10 de octubre. Bajo este sol, con esta temperatura de baño María y miles de escopetas evolucionando por el campo, lo más probable es que no se salve ni el apuntador, ya que lo que no levanta uno, lo levanta el otro y una vez el pájaro aislado, con cuatro o cinco vuelos a las costillas, suele inmolarse sin resistencia. A muchos les gusta

11

esto, este tiempo pegajoso, porque es cuando la perdiz, cobijada en un espliego o un chaparro, aguanta la postura del perro. A mí, la verdad, no me gusta ni mucho ni poco, ya que pájaro que brinca en estas condiciones es pájaro muerto. La perdiz hostigada, separada del bando, juega a codorniz, arranca de los pies y como quiera que su bulto es apreciable, las posibilidades de errar —de no padecer uno el baile San Vito— son mínimas. Así cobré hoy cuatro: pájaros revolados en la ladera y resguardados en el navazo, aguantando resignadamente en una lindera o la broza de un arroyo a que uno las espantase. Era suficiente seguir, un poco alerta, las sinuosidades de éste o aquélla para, al cabo de unos minutos, bajar una perdiz. El sistema es infalible, con lo que al cabo de dos horas de patear al campo, la cuadrilla llevaba colgados docena y media de pájaros con el aditamento de alguna liebre insensata que se le ocurrió salir al paso.

En torno, el traqueo era muy vivo, lo que prueba no sólo que la perdiz en todas partes salía a tiro, sino que por estos pagos ha criado bien. Empero yo debo reconocer que, en esta merienda de negros, de los once pájaros abatidos por mí, únicamente dos me dejaron un buen sabor de boca: el uno, achuchado en los altos, trató de salvar la mano repullado y de través y como había cogido vuelo y cruzaba recio, hube de correr la mano y adelantar, adelantar, para no dejar el tiro corto. La segunda fue una perdiz que me arrancó a la asomada en la falda de un cerro de aulagas, tan rápida que cuando quise tirar del gatillo el animal había interpuesto sus buenos cincuenta metros. Al tiro, descolgó una pata y, en seguida, por su vuelo ligeramente renuente, comprendí que iba de riñones. La seguí con la vista y, poco más allá, el bicho se repinó en vertical, como si quisiera prender el cielo con el pico, para, seguidamente, desplomarse sobre el rispión completamente muerta. La torre —por distancia y altura— fue una de las más espectaculares y esbeltas que me ha sido dado contemplar en mi vida de cazador.

A la una, con casi tres docenas de perdices abatidas, decidimos dejarlo. En este negocio de la caza el que se engolosina y no sabe cortar a tiempo, no es un cazador, es un carnicero. Sacamos, pues, la merienda de los macutos, nos sentamos al buen sol y poco a poco fueron llegando otras partidas a echar un trago: la de Calleja y los de Burgos; la de José Luis Montes, la de Ramiro Cruza y, por último, Luis, el guarda. Como era de esperar, la opinión general es optimista. Se ve perdiz, igualona en su mayor parte, si bien no faltan pollitos sin terminar de hacer, de segunda puesta, a lo sumo agostizos. Asimismo nos mostramos acordes en lo mal que estará pasándolo hoy la perdiz en Castilla, muy especialmente en los ojeos. José Luis sostiene, sin embargo, que con la canícula, la perdiz oseada no entra, se amona y se vuelve luego contra los batidores. Depende, entiendo yo, de lo que estos se junten; ante una mano apretada de ojeadores a la perdiz no le queda otro recurso que entrar aunque sea a peón y papando aire, medio reventada, de manera que en batidas de vaivén, en un día como hoy, será difícil que sobreviva alguna para contarlo.

Luis, el guarda, nos comunicó luego algo inquietante: en algunas perdices nuevas ha observado una especie de callo prominente en los párpados que, a veces, se manifiesta en pico y patas. Nos apresuramos a examinar los pájaros muertos y, en efecto, había varios pollastres con callo en los párpados —un callo largo y puntiagudo— pero ninguna con síntomas en patas o pico. Luis, no obstante, asegura que la otra tarde encontró una muerta en un barbecho,

13

probablemente de inanición. Sería gordo que después de veinte años sin conejos nos quedáramos sin perdices, ahora que aquéllos empiezan a rebullir.

Excursión frustrada
(12 octubre 1971)

Apenas puesto en pie sentí escurrir el agua por los canalones, me asomé a la ventana y aquello parecía el Diluvio Universal. También es fatalidad para segundo día. Habíamos concertado con Esteban una cacería en su monte y, pese al agua, decidimos subir siquiera para advertir a Julita que aplazase las lentejas para otro día. Al atravesar el Pinar de Antequera llovía más que el día que enterraron a Zafra y, ya en el monte, el agua continuaba cayendo a cántaros y no se observaba en el cielo la menor rendija de luz. El matrimonio estaba encamado y dejamos razón a Félix, el guarda, de que volveríamos otro día.

En mi caso esta renuncia es síntoma de vejez. Hace solamente dos años, yo no tiraba la esponja así cayesen chuzos de punta. Miguel Fernández Braso es testigo de ello. Él recordará, como yo, nuestra cazata en Villanueva de Duero, quizá en el 68, bajo una lluvia torrencial. Llevábamos tal cantidad de agua encima que al llegar a la casa del guarda nos chorreaba por los bajos de los pantalones como por un desagüe. Eso era afición, ciertamente, aunque ahora, desde la altura de los cincuenta años lo juzgue insensatez. Y hacerme sensato es una de las cosas que más me han reventado en la vida porque la sensatez llega como las arrugas, inevitablemente, a lomos de los años. No conozco joven sensato ni viejo insensato, lo cual es sumamente inquietante. Y eso que fatuamente llamamos experiencia no deja de ocultar muchos desengaños y no poca falta de energías. En fin, no nos pongamos revientafiestas.

Esta mañana, bajo la lluvia, a través de los cristales semiempañados, evocaba yo escenas vividas en este carrascal, al que ya venía de niño con mi padre. Aquí, en esta sarda de apenas trescientas hectáreas, se mataban en una mañana veinte o veinticinco conejitos como quien lava. El piso, además, fue siempre muelle, como una alfombra, de manera que cazar en El Montico resultaba de una comodidad singular. La perdiz y la liebre eran allí, como en casi todos los carrascales de Castilla la Vieja, ilustraciones de una monótona percha conejil. Y al llegar diciembre, jamás faltaban la chocha —dos seguidas abatí en el 61, recuerdo— y alguna que otra zurita en las encinas añosas que circundan la casa. Recuerdo que en los últimos años de mi padre —que murió a los ochenta y uno— le soltábamos en la corta, en el verdugal y, paseo arriba, paseo abajo, disparaba su media docena de tiritos y regresaba, inevitablemente, con un gazapete en el zurrón. Aquí fue también donde encajé la primera y única perdigonada que he recibido en mi vida de cazador. En fin, agua pasada...

Los conejos de La Ventosilla
(17 octubre 1971)

Atendiendo la invitación de Joaco Velasco, el domingo estuvimos en La Ventosilla. El día no amaneció bueno o, para ser más exacto, amaneció revuelto, francamente amenazador (de lluvia, claro) pero nos sucedió con esto lo mismo que con la caza: las cosas empezaron mal para terminar bien. Pero vayamos con orden. De entrada, Jesús, nuestro acompañante, nos bajó al regadío (remolachas y alfalfas) y allí permanecimos hora y media maneándolas sin ningún resultado. Visto lo visto, le propuse al guarda subir a las carrascas, a los conejos, siempre más agradecidos. Y allá nos fuimos.

En todo caso, estas fincas-modelo agropecuario rara vez son fincas-modelo cinegético, por aquello de que la perdiz, de ordinario, está reñida con la irrigación, el maquinismo y los rebaños, bien sean de ovejas o de novillas. La perdiz de Castilla la Vieja, es ave de pegujal, de rastrojo y ladera, esto es, de campo subdesarrollado y desierto. Al campo modélico (campo rentable) no le va la patirroja, como es sabido. A mayor progreso agropecuario mayor regreso venatorio. Tales extremos no son inconciliables, pero casi. Así se explica que en La Ventosilla, antes de la guerra, se bajasen seiscientas perdices en un día de batida, mientras que hoy, puestos a ojear estos pagos, dudo mucho que se alcanzase un *tableau* de ciento o ciento cincuenta pájaros a todo tirar.

Disquisiciones al margen, una vez en el monte empezamos a divertirnos, puesto que el conejo abunda pese a la peste, ya muy atemperada. De los veintidós conejos cobrados, solamente uno tenía pústulas y huellas de haber padecido mixomatosis. Y otro síntoma halagüeño es que ni el *Choc* ni la *Dina*, muy excitados al verse entre pelo tan abundante, lograron atrapar uno por sus propios medios. Esto parece confirmar lo que vengo sosteniendo desde hace tres años: la peste está de retirada y aunque aún tengamos que padecer (especialmente en el Sur) sus últimos coletazos y fluctuaciones, lo natural es que el conejo vaya poco a poco recuperándose. Cobrar en La Ventosilla casi dos docenas de once a una y media, en una sarda más bien cerrada, y por unas escopetas que lógicamente (hoy, fuera de mí, el mayor de la cuadrilla no había cumplido veinticinco años) desconocen el tiro a tenazón, es un indicio resueltamente positivo. Con los gazapos, derribamos tres perdices y cinco liebres. Para mí, el momento más suculento del día fue sobre la una, al coronar un cotarro, donde en cinco minutos de reloj revolqué tres liebres y un conejo (liebres de esas endiabladas, levantadas por la otra punta de la mano que, con las orejas adheridas al lomo, se largaban de través a cien por hora y, al encajar la perdigonada, no cesaron de voltear hasta dar con sus huesos en las pajas de los bajos).

Luego, ya en la casa, comimos un asado como para chuparse los dedos, y mientras nosotros pegábamos la hebra con Joaco y el pintor Vela Zanetti (que ayer firmó en Burgos su mural sobre Fernán González), mi hijo Juan (quince años) se dio un garbeo con su escopeta del 16, de un solo tubo, y, ante nuestro asombro, regresó hora y media después con ¡tres perdices y dos conejos! Decididamente a este chico hay que darle ya la alternativa.

Nieblas de octubre
(21 octubre 1971)

Requeridos por el solillo de estos días, mi hermano Manolo y yo nos fuimos a dar una vuelta por las cuestas de Villafuerte de Esgueva. Al ponernos en camino, sobre las diez de la mañana, la niebla se cernía sobre la ciudad y Manolo me expresó sus temores de que no abriera. Lo que yo le dije: «Antes de una hora tendremos sobre nosotros un sol de justicia».

Exacto vaticinio. A las once y cuarto, al llegar al cazadero, el cielo estaba despejado y el sol picaba como en mayo. El fenómeno de las nieblas en Valladolid tiene su misterio y el viejo aforismo «mañana de niebla, tarde de paseo», no es aplicable para las que pare el Pisuerga. Entiéndaseme, no es aplicable a todas las nieblas. El abanico de posibilidades marcha acorde con el calendario. Entonces cabe un desglose más congruente: octubre («mañana de niebla, mañana de paseo»); noviembre («mañana de niebla, tarde de paseo»), y diciembre y enero («mañana de niebla, tarde de reniebla»). La entidad del sol, las temperaturas y la duración de las horas luz, influyen decisivamente en la persistencia de este meteoro.

Las rampas de Villafuerte no son abarcables por dos escopetas. Se mire por donde se mire, este cazadero es cazadero de vaivén, de ida y vuelta, de forma que en la primera mano por la ladera descolgamos las perdices al valle para, de regreso por éste, sorprenderlas en los perdidos y arroyos que salpican las extensiones de cereal. Dos escopetas apenas mueven pájaros en la varga y, al no levantar pájaros a la ida, malamente pueden encontrarse a la vuelta desperdigados en los bajos. Dos escopetas en la caza en mano, aunque parezca un disparate, no son la mitad de cuatro. Los matemáticos me disculparán, pero los cazadores ya me entienden.

No obstante, Manolo y yo cobramos tres perdices por barba y perdimos tontamente, de salida, una cada uno. Esto confirma mi recelo de que carecemos de buenos perros cobradores. La *Dina* —un prodigio para la codorniz— se aturulla si de perdices se trata y en cuanto al *Choc*, con su estampa de medalla, ignora aún, tal vez por demasiado joven, de qué lado le da el aire. Y la culpa de esta deficiencia la tenemos nosotros, la cuadrilla. Un perro no se improvisa, debe hacerlo el cazador en un mano a mano concienzudo y paciente. Iniciar a un perro con cuatro escopetas es echarlo a perder; el can correteará de uno a otro —según de donde provengan los disparos— y acabará entregado y sin saber a qué carta quedarse.

A las tres echamos un cacho al sol en un ribazo (con un clarete helado que sabía a gloria) y regresamos a tiempo de aprovechar la tarde.

Pelo y pluma
(24 octubre 1971)

Volvimos a lo de Esteban Monturus en una jornada de sol con algunas nubes algodonosas que proyectaban sobre nosotros piadosas sombras intermitentes. Las carrascas están crecidas (hoy nadie da una perra aquí por las cortas de encina cuando hace pocos años valían una fortuna) con lo que el tiro de la perdiz se complica y aumenta el riesgo de una perdigonada. Para cazar en un monte alto es imprescindible no ofuscarse y si la perdiz arranca en línea, abstenerse y dejarla que se vaya, bendita de Dios, a criar. Así lo hicimos ayer y aunque el fogueo no fue nutrido en ningún momento, a fin de cuentas partimos con el campo, ya que de aproximadamente cincuenta cartuchos disparados, salió un morral de nueve perdices, siete conejos y una libre. Las patirrojas, en general, bien derribadas, repulladas o sirgadas, pero distantes y en velocidades normales de crucero. ¡Bellos disparos se hicieron ayer!

Esto de alternar el conejo con la perdiz, a mí me produce un inevitable desconcierto, puesto que si mi primer blanco es una perdiz, ya camino insensiblemente en expectativa de perdiz y el cruce fugaz de un gazapo entre dos jaras no me da tiempo, literalmente, a reaccionar. Otro tanto, pero a la inversa, me sucede si los primeros disparos los hago a pelo. En este caso, el vuelo repentino de una perdiz siempre me azora y me deja paralizado unos segundos, los suficientes para que el pájaro ponga tierra por medio. Ayer *me hice a perdiz* de principio y marré dos gazapos a huevo al fallarme el automatismo que la caza en mano requiere.

El Montico desgraciadamente, en lo que a perdices atañe, no tiene porvenir. El Montico está cercado: un pueblo en el picón norte, una urbanización al este, otro carrascal al oeste y su única defensa, el sur, hasta hace pocos años de viñas y cereales (aunque de suelo arenoso poco grato a la patirroja) empieza a regarse con lo que el *habitat* de la perdiz se desvirtúa. Hace unos días, leía en un número de «El Correo de la Unesco», dedicado a la defensa del medio ambiente, un trabajo interesante relativo a la despreocupación con que desmontamos la Naturaleza (puentes, embalses, industrias, urbanizaciones, regadíos) sin hacer previamente un estudio reposado sobre las consecuencias que puede acarrear tal alteración topográfica. Los hombres somos así: nos hacemos la ilusión de que progresamos sin pensar que la Naturaleza, como es de rigor, nos pasará mañana la factura y el precio podrá parecernos entonces demasiado alto.

Perdices de ladera
(31 de octubre de 1971)

Es evidente que este otoño no está de llover. Pero no sólo no llueve, sino que en las horas de insolación el sol aprieta de firme, con lo que el cazador de ladera —ese abnegado cazador a quien le molesta que todo se lo den hecho— suda por cada pelo una gota. Estos cuatro primeros domingos de caza de la presente temporada han sido días óptimos para la perdiz (para cazarla, digo) siquiera la perdiz de hoy, último día de octubre, en Santa María, tenga muy poco que ver con las perdices de la jornada inicial, pájaros con los sobacos lampiños, sin terminar de emplumar y, como consumados andarines, víctimas propiciatorias en cuanto se les mete en vuelo. La patirroja de hoy, pese a las altas temperaturas, bajo un cielo raso apenas enturbiado por una tenue calina, era ya un pájaro de fuste, capaz de franquear la nava de dos aletazos en cuanto se sentía acosado. La perdiz de esta mañana tenía mucho que matar y su preparación física, después del duro ejercicio de las tres semanas precedentes, era realmente admirable. La cosa se enredó aún más cuando, pese a nuestro madrugón, la cuadrilla de Burgos nos tomó la delantera y hubimos de marchar con la música a otra parte: las rampas encaradas al norte, infinitamente más escarpadas que las de enfrente.

Con todo, y aunque cuatro escopetas son insuficientes para cubrir una cuesta de esta envergadura, nos divertimos de lo lindo puesto que no dejamos de ver perdices delante, siquiera pocas a tiro. En esto de la perdiz, sin embargo, vale más la esperanza que la realidad y el cazador que camina entre tomillos y espinos y otea en lontananza mohedas y breñales, ha de andar siempre al quite puesto que en cada repecho o caballón, de cada junquera, de cada chaparro, cuando no de los cavones del barbecho o las pajas del rispión, puede arrancarle la patirroja con su galleo de alarma. Las perdices que se derribaron hoy no fueron, empero, perdices levantadas por el propio matador, sino pájaros enrabiados que huían de *los otros* y se obstinaban en volverse, remontando la línea de escopetas, o en descolgarse, muy altas, desde el cerro al valle. Por mi parte, como escopeta faldera, tuve ocasión de abrir fuego sobre pájaros supersónicos, increíblemente recios, que se lanzaban, en vuelos muy revolucionados, desde cuarenta y cincuenta metros de altura. Estos tiros, siempre problemáticos, tienen su compensación: la satisfacción que le inunda a uno cuando acierta. El corte de una perdiz descolgada a todo gas comporta uno de los mayores placeres que la caza al salto puede deparar. La perdiz pegada se encoge, se hace un gurruño en el aire, pero, impulsada por la inercia, va a caer cincuenta metros más abajo de donde uno la emplomó. ¡Y qué pelotazo el de estos pájaros, cielo santo! En el surco donde cae deja un montón de plumas como para llenar una almohada, lo que no obsta para que a veces —y así me ocurrió esta mañana con una de las cuatro que abatí en la ladera— aún tengan resuello para apeonar unos metros, esconderse, y burlar con todas las de la ley las piernas del cazador y las narices del perro. A pesar de estas contrariedades, por otra parte inevitables, entre la mano de ida por la ladera y la de regreso por las labores, echamos abajo veintidós pájaros que a la hora de la exposición hacen un cuadro de respeto.

Luis, mi yerno, puede decirse que debutó hoy como matador de perdices. Y debutó bien puesto que derribó cinco. El domingo anterior, Luis era un hombre decepcionado, un hombre que *nunca lograría matar una perdiz así le arrancase de los zancajos*. Hoy, disipado su complejo, ha llegado a la madura y razonable conclusión de que perdiz a la que se le ponen debidamente los puntos, dentro naturalmente de la zona de tiro, es perdiz muerta. El cazador novel atraviesa, inevitablemente, por estas crisis. El cazador novel llega a pensar que todo lo vivo puede matarse... excepto la perdiz; a la perdiz —piensa— hay que echarla de comer aparte. Y es cierto que la perdiz constituye, en la caza menor, la piedra de toque. A la perdiz tarda uno en cogerle el tranquillo. De ordinario, el cazador novel se amilana ante este pájaro, bien porque le arranca próximo y su zurrido le desconcierta y tira apremiado y sin garantías, bien porque le arranca larga y cuando quiere disparar, aquél ha interpuesto la distancia de seguridad. Yo pienso, no obstante, que para bajar una perdiz que se queda y levanta a pocos metros, basta con reportarse. A la que vuela larga hay que apuntarla bien, pero aprisa, a poder ser a saque de escopeta. Después la cosa empieza a complicarse con las repulladas o las que nos entran reexpedidas. Estas últimas suele errarlas el cazador novel porque se atraca de perdiz si llega de pico o deja el tiro corto si cruza sesgada. A mi modesto entender, el ave que entra de pico, como en batida, más que puntería —puesto que se la apunta como si estuviese parada— exige oportunidad, esto es, acertar con el instante de oprimir el gatillo, de tal manera que no sea antes de que entre en plaza, ni después que nos llena el ojo con su presencia. Y en lo que respecta a la perdiz de través, uno debe correr la mano sin duelo y adelantar el tiro sin detener aquélla; de no atenernos a estas prescripciones, llegaremos a lo sumo a desplumarle las timoneras, pero no más. Cabe, también, detener la mano en el instante del disparo, pero el cazador en este caso deberá adelantar el tiro más aún que si no la detuviese para que pájaro y perdigones se encuentren en el aire. Y, ¿cuánto debemos adelantar? aducirá el cazador novel. Debo confesar, que las instrucciones en este caso concreto sirven de muy poco. Éste es un problema de intuición; responde a un rapidísimo y automático cálculo en el que habrá que tener presentes la velocidad del pájaro y su distancia de la escopeta, bien entendido que a mayor distancia mayor debe ser el adelantamiento. En un caso o en otro, yo considero fundamental tomarle cuanto antes los puntos a la perdiz y seguirle por ellos mientras se pueda; de esta forma, el instinto cinegético *nos avisará* sobre el momento idóneo para que nuestro dedo índice entre en acción.

Día de Todos los Santos
(1 noviembre 1971)

Después de la cazata de ayer, en la que terminamos cansados y aspeados, decidimos no madrugar, así que hasta las once no aparecimos por el cazadero, la finca de los Araoz en Villanueva de Duero. Aparte otros alicientes, esta finca tiene el atractivo de la variedad pues, junto al soto, a lo largo del río, anchuroso y embalsado en las inmediaciones de Tordesillas, corren las tierras irrigadas, y perpendiculares a éstas y paralelas entre sí, dos franjas de carrascas, erizadas de pinos que, en su límite sur, abocan a unas pedrizas de viñedo a través de una laderita suave, de cómoda andadura. Si al encanto topográfico unimos un sol rutilante en lo alto, se comprenderá que la jornada fuese un paseo gratísimo sobre una campiña cambiante y variopinta, muy de mi gusto.

La nota desagradable del día nos la deparó la casi absoluta falta de perdiz. Para ser exactos, tres vimos a lo largo de la jornada, tres perdices largas y esquinadas como supervivientes de alguna catástrofe. Frecuento esta finca desde hace muchos años y por eso puedo dar fe del progresivo y alarmante decrecimiento de la patirroja en la zona. Hace apenas diez años, el difunto y querido Alejandro F. Araoz organizaba aquí unas apañadas batiditas anuales en las que se cobraban, entre diez escopetas, alrededor del centenar de pájaros y con los supervivientes aún nos divertíamos la cuadrilla lo que restaba de temporada. De diez años a esta parte, la patirroja no ha hecho otra cosa que decrecer hasta abocar al decepcionante eclipse actual.

¿Qué ha podido ocurrir aquí? ¿Dónde se han metido los pájaros de otrora? Las razones de esta fulminante regresión no se me alcanzan. Todavía la temporada pasada hubo una explicación: el terrible pedrisco que azotó a este término a mediados de agosto, cuyos granizos —del tamaño de huevos de paloma— arrasaron la fauna menor y media hasta el punto de que en las tierras desguarnecidas se hallaron cadáveres de liebres desnucadas por la violencia de la pedrea. Las perdices, lógicamente, sufrieron también lo suyo con esta embestida meteorológica, pero con eso y con todo, aún se veían suficientes pájaros al concluir la temporada como para esperar una decorosa repoblación. La realidad no ha respondido a estas previsiones, con lo que habrá que pensar que las batidas en las inmediaciones, la inserción de ganado vacuno en la finca, la expansión del regadío y el incremento de pesticidas —Emiliano, el guarda, me dice que a las patatas se las trata con fármacos hasta seis y siete veces por año, ante la resistencia cada vez mayor del escarabajo— han modificado, y no para bien, el biotopo.

A falta de perdiz, pasamos el rato con las torcaces —que arrancaban ruidosamente de los pinos— y con la liebre, aunque la sequedad del piso las pusiera sobre aviso a excesiva distancia. Miguel cobró una hembra de azulón en el regato que separa los dos carrascales, en el mismo remanso donde yo abatí otros dos en las últimas temporadas. Se ve que esta pequeña corriente, por las razones que sean, es querenciosa de los patos que, en estas fechas, suelen establecerse en número considerable en los meandros del Duero.

Excursión en solitario
(4 noviembre 1971)

Pasé unas horas yo solo en Santa María. Luis, el guarda, apenas llegado, ya me anticipó que tenía poco que hacer una escopeta sola, sin perro, en estos andurriales. Yo ya me lo imaginaba pero contaba con la alianza del sol y el clima benigno y calmo. Poco tardé en convencerme sin embargo, de que si en lides cinegéticas, conforme consigné el otro día, dos no son la mitad de cuatro menos aún uno es la mitad de dos. Mi rastreo tesonero resultó inútil. Anduve arriba y abajo como un forzado durante tres horas pero las perdices me torearon. Volé varios bandos en los cavones de las vaguadas pero en ningún momento logré romperlos: se desplazaban empaquetados a los bajos si yo caminaba por la pestaña, y a la inversa, de forma que, al no acertar a provocar la dispersión, fracasó el cacerío, pues es sabido que la perdiz agrupada no aguarda y, de no sorprender al bando en una asomada, es difícil hacerle una baja. De retirada tuve una ocasión propicia, una sola, pero la malbaraté por precipitado. En la caza a rabo, ya se sabe, uno suele matar más en las primeras horas del día, cuando piernas y pulmones están enteros y los reflejos sensibles. Para matar caza hay que empezar matando. Si no, la desconfianza de un lado, y la fatiga, de otro, socavan nuestra moral, paulatinamente van enervándonos y terminan por hacernos inofensivos.

Sin plumas con que adornarme, cobré una liebre y un gazapete. La primera fue una víctima concienzuda buscada de propósito en la lindera de un mondo rastrojo sembrado a manta. La pista para la carrera era tan propia que me dije: «No andará lejos la rabona». Y, en efecto, a los pocos minutos me arrancó, prácticamente de entre los pies, tan cerca que la dejé tomar carrera antes de revolcarla. El conejo, en la ladera, regateando entre las aliagas como ellos saben hacerlo, ya tuvo más ciencia. Al conejo no se le tira donde está, sino donde uno intuye que va a estar en la décima de segundo siguiente. A las tres me arrimé al Arlanza a comer el emparedado y a dar un tiento a la bota. El río espejeaba con el sol y, según me acomodaba, volaron de la otra orilla dos azulones. Miguel, mi hijo biólogo, me dice que el pato real se aparea ahora, en otoño, aunque la puesta y cría, como las de las demás aves, no se produzca hasta la primavera Su relación otoñal viene a ser, pues, una especie de noviazgo. A lo que se ve, el azulón es un pájaro serio y tradicional.

Perdices huracanadas
(7 noviembre 1971)

El clima empieza a entonarse con el calendario. El viernes, por la noche, comenzó a pintear y el domingo de madrugada sobrevino el cambiazo: el cielo azul de días pasados se pobló de nubes densas, arrastradas por un viento huracanado del norte (la radio habló de 90 kilómetros a la hora en la provincia

27

de Madrid) de una frialdad húmeda y desapacible. Abrirse en mano por páramos y laderas, azotadas por un viento así, es, desde luego, un ejercicio poco grato pero, además, en estas condiciones, la competencia con la perdiz se trasmuta en una competencia con los elementos. El cazador empieza a fallar por los dos sentidos que, como tal cazador, le son más necesarios: vista y tacto. El escozor de los ojos, provocado por el viento y las partículas en suspensión, produce un lagrimeo que dificulta la toma de puntos y, sobre esto, las manos se quedan ateridas (hay quienes se las protegen con guantes, pero yo pienso que el guante no le es aconsejable para cazar ni al gato ni al hombre) y una mano que no puede apiñar los dedos en un haz es una mano cinegéticamente inútil. Esta mañana, por ejemplo, mi dedo índice disparó dos veces sin que mi cerebro se lo ordenara, esto es, en un movimiento automático y, por supuesto, estéril.

Molestias físicas aparte, cuando uno camina por el campo en un día así, insensiblemente va recostándose en el viento, de forma que si éste cede de pronto, el cazador trastabillea y precisa de un esfuerzo para mantener el equilibrio y no romperse las narices contra un terrón. Nada digamos del frío que repentinamente nos traspasa al abandonar el abrigaño de una vaguada o coronar un caballón. En tales casos, el viento nos sacude despiadadamente el pecho o la espalda húmedos de sudor, con el consiguiente riesgo de una pulmonía o el temor, de por sí embarazoso, de pescarla. Para rematar la función, la gorra con que nos tocamos queda a merced de las rachas y un súbito acelerón la arranca de nuestra cabeza y la lanza ladera abajo dando tumbos, con lo que uno se convierte en un émulo de Tartarín, que dedica la mayor parte de la jornada, no a cazar perdices, sino a cazar gorras a la carrera (ayer me sucedió que tras emplear cinco minutos en vadear un arroyo, una inesperada ráfaga aventó mi visera del otro lado del obstáculo, con lo que hube de ingeniármelas para salvar éste otras dos veces, sazonando lógicamente este ejercicio suplementario con los juramentos de rigor).

La caza requiere despreocupación, de tal manera que si uno va pendiente de otra cosa falla el hombre alerta de que nos habló Ortega. Lo que en un día sereno es un ejercicio combinado de intuición, destreza y puntería, se convierte en un ejercicio de velocidad en un día de vendaval: armarse, aculatar, tomar los puntos y disparar, debe ser todo uno. Los años y el temperamento influyen entonces de un modo decisivo. De ahí que a uno, que ha rebasado los cincuenta y propende a la nerviosidad, le queda poco que hacer en una jornada así. De salida me arrancó una perdiz a no más de diez metros, pero la condenada se repinó, aparejó velas y cuando quise foguearla andaba ya en las Quimbambas. Hay que considerar que la perdiz es capaz de volar a una velocidad aproximada de cien kilómetros a la hora y si a esto le añadimos los ochenta o noventa del huracán, se comprenderá que la patirroja que levanta a diez metros —sigilosamente, además, acallada por los bramidos del viento— puede interponer en poco más de un segundo sesenta entre ella y los tubos de la escopeta. El tiro, aun arrancando a capón, exige en estas condiciones una celeridad de la que no todos, desgraciadamente, disponemos. Nada digamos de las perdices entrizadas por la mano si se encampanan y cogen el aire de popa. La escopeta faldera las ve pasar como centellas, increíblemente reducidas, y si aspira a derribarlas debe renunciar a seguirlas los puntos —faena imposible— y disparar un poco a ojo porque, ciñéndose a las instrucciones del tiro ordinario, la perdigonada quedará indefectiblemente corta.

Nada tiene de particular que, en un día así, únicamente saliera a flote mi hijo Germán, el más joven de la partida, alto y delgado, fibroso, con unos reflejos envidiables, quien se dedicó a disparar a saque de escopeta sobre perdices más bien esquivas —y rotundamente largas— y compareció con nueve pájaros cuando los restantes miembros de la cuadrilla no habíamos colgado más que uno cada uno. La marca es pareja a la de mi amigo Santiago *el Largo*, el año pasado, en el mismo cazadero y en un día semejante.

El invierno ha demorado entrar, pero su iniciación ha sido de una crudeza, de una destemplanza agria y perturbadora. Confiemos en que estos tiempos traigan otros.

Torcaces a salto
(14 noviembre 1971)

Casi nos quedamos en cuadro. Luis no pudo venir de Madrid, Germán se metió en cama con andancio y Miguel marchó a Sedano, pese a que anteayer el parte de carreteras dio cerrado el Páramo de Masa. Acertó, pues aunque encontró nieve en abundancia, las carreteras estaban transitables y Pedro Santamaría, el trampero de San Felices, le tenía guardados el estómago y la piel de una gineta —primera que se atrapa en aquellas heredades hace qué sé yo el tiempo— que le viene para su tesis como anillo al dedo.

En vista de las bajas y del turbio cariz del día (inapropiado para la perdiz) marchamos Manolo, Juanito y yo a Villanueva de Duero, cazadero abrigado y próximo a casa, aunque sin perdiz. Por eso me sacó de quicio el despiste de la vieja *Dina*, cuando, de salida, alicorté una patirroja en el carrascal y por más que la azucé no dio con ella. Estos perros míos son desconcertantes en la cobra y su inseguridad constituye para la cuadrilla un grave *handicap*. El contratiempo me puso temblón y al cuarto de hora marré un conejo a huevo. De todos modos, no se vio caza y a la una nos pusimos a comer con un par de liebres en el macuto. Luego lo arreglamos un poco, ya que en un par de horas hicimos otra liebre, una perdiz, tres conejos y dos avefrías.

Al caer la tarde, en vista de que las torcaces merodeaban por los pinares, sugerí hacer un aguardo en lo alto de la cerviguera. Empeño vano. Juan y yo nos apostamos durante veinte minutos pero como quiera que el ganado no se movía le propuse manear los pinares. He aquí una modalidad de caza —la torcaz a salto— por demás distraída, ya que cinegéticamente tiene su intríngulis y además suele quemarse la pólvora en salvas.

El aguardo de torcaces en las querencias, incluso con cimbel, es caza muy conocida en los encinares del Sur. Menos, que yo sepa, la caza de torcaz a rabo. Para esto se precisan dos requisitos: que haya matos de encina con bellota en el suelo, y pinos (u otros refugios) en el vuelo. También cabe cazarlas, por supuesto, en los encinares desarrollados. En cualquier caso, la hora más indicada es la del crepúsculo vespertino. La torcaz es ave ordenada; se recoge pronto. Ordinariamente media hora antes de la puesta del sol ya ha escogido su acomodo entre los árboles más frondosos. Una vez acostada, su caza no tiene otra ciencia que la del andar cauteloso, tratando de aproximarnos sin ser oídos. De no irrumpir con sordina, la paloma vuela larga, tras un aleteo alborotado para desembarazarse de la pinocha. Este aleteo, cuando se produce a tiro, le pone a uno el corazón en la garganta. Pero no es ese el momento de tirar; hay que aguardar —sin excesiva complacencia, por sabido— a que la pieza se desglose del árbol y describa un bache a ras de suelo antes de remontarse. Habiendo, como los tiene que haber, árboles que entorpecen el tiro, ése es el instante de foguearla, a sabiendas de que en punto a visibilidad no es precisamente el más propicio. Quizá por ello, muchas presuntas víctimas se tragan los dos tiros sin inmutarse y luego sobrevuelan, muy altas, los pinares como reprochándonos nuestra impericia. De todos modos, la torcaz es dura; come mucho plomo. En su tiro caben sorpresas de todo tipo, agradables y desagradables; desde el pájaro que se desploma cuando uno tiraba más o menos para ejercitarse hasta aquel otro que se larga a criar, a pesar de que uno lo apuntó concienzudamente e hizo fuego a no más de treinta metros de distancia. Para asegurar el tiro, yo recomendaría al cazador de torcaz a salto el perdigón de cuarta, de quinta como máxima concesión. Esta tarde, Juan y yo bajamos media docena en una hora, con lo que redondeamos bonitamente un morral que, en punto a pluma, no podía ser más deslucido.

El tiro del conejo
(21 noviembre 1971)

Luis, mi yerno, tomó ayer la alternativa del conejo —la de la perdiz ya se la habíamos dado— en La Ventosilla: él solito amontonó ocho gazapos más una patirroja para animar tanta grisura. Este chico se ha hecho cazador en cursos intensivos, ya que desde que se casó no creo que haya agarrado la carabina arriba de dos docenas de veces. En tan breve experiencia ha asimilado tanto que ayer nos mojó la oreja a los veteranos. A Luis —lo mismo que a mi hijo Juan— le ocurre una cosa: se ha iniciado simultáneamente al pelo y a la volatería; en su breve carrera cinegética ha disparado tantos tiros al conejo como a la perdiz. La suya es la primera promoción de cazadores, después del siniestro túnel de la mixomatosis, que le toma los puntos al gazapo con alguna asiduidad. Esto explica la hazaña de Luis ayer en el monte, hazaña iniciada en los primeros minutos, ya que antes de que mi hermano Manolo y yo hubiésemos tenido tiempo de descargar la escopeta, ya había aculado él tres conejos en el macuto. Después vino un goteo regular, muy seguro, más meritorio cuando se produce en un arcabuco apretado y de pocas calvas. La densidad forestal ya presupone el trabucazo, esto es, el tiro sobre la marcha, con frecuencia sin tiempo ni para aculatar la escopeta. Y es, precisamente, este tiro a tenazón el que se ha perdido en el país a raíz de la peste conejuna, tiro que costará Dios y ayuda recuperar a aquellos que lo ejercitaron habitualmente antes de la guerra y que ahora rebasan, lógicamente, los sesenta años. La mixomatosis se llevó por delante no sólo a los conejos, sino también a los conejeros (cazadores y perros).

En mi caso (que es el caso de toda una generación) es obvio que me faltaron oportunidades de hacerme un conspicuo conejero. Recuerdo, por contra, la habilidad de mi padre —que por entonces ya no era joven— en estos menesteres del tiro entre dos matas. Por aquel entonces —los años 30— la afición a la escopeta era una afición muy poco extendida en el país. Cazaban cuatro gatos. Y mi padre, como otros cazadores de su tiempo, para gozar de la caza en solitario, que era la que apetecía, disponía de una acción, que entonces costaba dos reales, en un monte de Torozos, próximo al pueblo de La Mudarra. Sus morrales no pecaban de escasos sino de monótonos: seis, ocho, diez conejillos y, de Pascuas a Ramos, una perdiz, una becada o una liebre para ilustrarle. Naturalmente yo, por mi edad, asistía a estas excursiones de simple espectador. Más tarde, al cumplir los quince años, llegó la guerra y, al levantarse la veda del hombre, se cerró la del conejo. De inmediato irrumpió la posguerra, con su flébil cohorte de hambres y gasógenos y la casi imposibilidad para un muchacho de desplazarse al campo. Fueron tiempos difíciles para los cazadores sin medios —los más— y buenos para la caza, puesto que conejos, perdices y liebres pudieron multiplicarse sin asechanzas ni sobresaltos. Mas las dificultades se prolongaban tanto tiempo, que a mediados de los 40, harto de esperar, inicié mi carrera de cazador como Lorenzo, el protagonista de mis *Diarios*, a lomos de una chirriante bicicleta de segunda mano y con la perrita en el soporte. Por supuesto, en estas condiciones, el radio de mis desplazamientos era muy corto —ocho o diez kilómetros a lo sumo— aunque de ordinario recalaba en las cuestas del Manicomio Provincial —tras cuyas tapias me cayó un día una perdiz de torre— en los terrenos de la Granja Escuela José Antonio, a dos kilómetros de mi casa. Es ocioso precisar que mis perchas de entonces eran muy cortas: una patirroja los días agraciados y dos en alguna que otra jornada de gala. Los días de bolo ni los conté. Años más tarde, en el 51, me merqué una *Montesa*, con la cadena primaria al aire, cadenita que me deparó no pocos sinsabores. En la moto aprendí lo que es pasar frío. Todo el que haya navegado en moto por la meseta castellana en el mes de enero conoce el frío del motociclista: esa suerte de agarrotamiento en las articulaciones —como si nos hubieran incrustado en ellas millones de cristalitos punzantes—, principalmente en las rodillas y los dedos, que le dejan a uno inválido durante varias horas. A horcajadas de tan refinado tormento apenas tuve ocasión de visitar algún carrascal como La Espina, en Castromonte, o El Montico, en Puente Duero. Posteriormente, la era del *Seiscientos* y su progresiva difusión vino a coincidir con la propagación de la mixomatosis y el despoblamiento de nuestros montes, con lo que la posibilidad de llegar a ser un experto conejero se esfumó, supongo que definitivamente, puesto que ahora, rebasados los cincuenta, dando por hecho una reactivación conejil, ya es tarde para empezar. A esta edad, los reflejos no responden como a los veinte y los conejos nos torean. En ninguna otra pieza de caza he observado la capacidad de burla que observo en el conejo. Su comportamiento es imprevisible ya que lo mismo atraviesa el calvero justo donde la escopeta no alcanza, que se nos enreda juguetonamente entre los pies. Sus fintas y regates sumen en la perplejidad y en el más absoluto desconcierto al cazador no avezado. Ocasiones hay en las que uno foguea a conciencia *de que el blanco ya no está allí*, se ha desplazado. Uno lo sabe, pero no puede reprimirse. Los reflejos le traicionan y tira del gatillo a sabiendas de que es tarde, de que no hay nada que hacer. Otras veces, cuando el cazador se está reprochando mentalmente su falta de rapidez —«careces de reflejos», «eres lento como una apisonadora»— otro gazapete cruza por el mismo punto donde el otro nos sorprendió sin que su reacción sea distinta. La viveza del conejo desborda al cazador cincuentón.

Ayer, empero, logré revolcar media docena con lo que pasé una mañana gozosa. La caza del conejo no es la caza de la perdiz, desde luego, pero por su habilidad para dar esquinazo y dejarnos con un palmo de narices es también pieza que *desafía* y, por lo tanto, atrayente. Desde otro punto de vista, el morral de Ventosilla (treinta gazapos en números redondos) demuestra que la peste remite. Joaco Velasco nos decía en la comida que bichar el monte es la prueba más palpable de la recuperación del conejo pues ya no está lejos de alcanzar la cifra de 25.000 piezas que se lograba antaño en temporadas normales. A uno no le queda otro remedio que pensar en los conejos cuando, curioseando en los papeles de la finca, se informa de que al monarca Felipe III le sorprendió la muerte de su mujer cuando cazaba en La Ventosilla. La caza como remedio de la pesadumbre constituye, sin duda, un ejercicio recomendable, siquiera esto del tercero de los Felipes ya le parezca a uno excesiva frivolidad.

Los desertores
(28 noviembre 1971)

El tiempo cambió de nuevo. Tras una semana de temperaturas tibias y sol receloso, el sábado saltó un viento frío que encapotó el cielo de oscuros nimbos galopantes. Los augures predijeron lluvias y, en efecto, hoy, tan pronto asomamos a la calle, noche cerrada aún, comenzó a caer un calabobos fastidioso. Ante esta novedad, al salir de la churrería decidimos variar el itinerario y en lugar de subir a los páramos de Santa María aproamos al sur y recalamos en la pinada de Villanueva. Pero como no hay mal que cien años dure, apenas rebasado Puente Duero, sobre los tesos septentrionales surgió una tímida luminosidad anaranjada que, al poco rato, quebró la uniformidad gris del cielo para dejar asomar los primeros retazos azules. Al iniciar la cazata, el sol, aunque indeciso, ya andaba arriba siquiera el zarzagán continuara siendo gélido. (No sé si con fundamento o no, pero estos días atrás decían los meteorólogos que el presente otoño es, en su conjunto y como temperatura media, el más frío de los últimos quince años.)

Es curioso, pero lo primero que advierte el cazador fetén así que los primeros fríos irrumpen es la deserción en masa de escopeteros que se autotitulan, fatuamente, cazadores. Para mí, la prueba de fuego del venador auténtico es ésta: el clima. Pretendo decir que el cazador que lo es de verdad no abdica así se desaten contra él todos los elementos. El buen cazador no mira al cielo; actúa, organiza como si los meteoros no existiesen. Un dato: la temporada pasada me troncé el peroné de la pierna derecha al resbalar en el hielo a 20° bajo cero (la nieve caída el día de Navidad no había fundido totalmente aún el 3 de enero y propició el accidente). Para el cazador de pega salir al campo con 20° bajo cero constituye una locura; para el cazador auténtico, en cambio, es un hecho natural. Lo inconcebible en aquel que sienta dentro la pasión de la caza es desertar por mor de unas circunstancias adversas. Diría más: la confrontación con la pieza se hace más meritoria y, en consecuencia, placentera, cuanto mayor es el número de obstáculos que es preciso vencer para conquistarla. Bien mirado, solo esto es cazar; lo demás es templar gaitas.

Esta mañana, sin llegar, ni con mucho, a estos extremos, la churrería *La Madrileña* y la *Granja Terra*, lugares de cita de los cazadores vallisoletanos madrugadores, estaban casi desiertas. No faltaban, naturalmente, Carlos Valverde y su grupo, pero sí se echaban en falta otros muchos habituales. Luego, en los treinta kilómetros que nos separaban del cazadero, no encontramos un solo automóvil aparcado en zona cinegética. Más tarde aún, en unos parajes donde un traqueo vivo y sistemático suele ser norma, apenas oímos un tiro en toda la jornada. El frío acobardó al personal; esfumó la competencia. Y lo cierto es que, al abrigaño de los pinos, el tiempo no resultaba excesivamente crudo. Por otra parte, las pocas perdices que vimos —¡vaya usted a saber por qué!— aguantaban obstinadamente al perro tras el susto inicial, como en los días caniculares de octubre, circunstancia que nos permitió descolgar cuatro de un bando de siete. Y con ellas, ocho torcaces que hacían piruetas en el viento y, aunque entraban raudas como exhalaciones, nos permitieron tomarlas los puntos.

Mas a lo que iba. En este país nuestro se viene hablando con notoria frivolidad del progresivo aumento de la afición a la caza y del retorno al campo del hombre urbano. Tonterías. El único indicio de esto último nos lo dan las urbanizaciones que no son otra cosa que pedazos de ciudad enquistados en la naturaleza. De lo otro, mejor es no hablar. Se barajan cifras de licencias de caza que oscilan entre las setecientas mil y el millón y de ahí se concluye, frívolamente, que los cazadores somos muchos, como si aquel papel otorgara este título, cuando lo que hay que averiguar es si cada licencia que se despacha encubre a un venador o a un pirotécnico, a un auténtico aficionado o a un partidario de los fuegos artificiales. Yo pienso que este es el planteamiento correcto: es decir que si se retiraran las armas a los que salen a tomar el sol o a tirar al pim pam pum sobre unos pájaros que les entrizan una docena de asalariados, los cazadores nos íbamos a quedar en cuadro, de un cinco a un diez por ciento de los actuales

38

poseedores de licencia Entonces, los demás, ¿qué son? Pues eso, simples escopeteros, a los cuales yo les orientaría hacia esparcimientos más adecuados como el tiro al blanco, al plato o al pichón. De esta manera clarificaríamos la situación y, cada uno en su sitio, todos contentos. Lo peor del reciente ordenamiento cinegético es que antes que una ley de caza se ha dictado una ley de tiro, y con ello se ha dado estado legal al ojeo y, lo que aún es menos comprensible, a la caza con reclamo, autorización ésta que, no tardando, nos dará que sentir.

Si las leyes pudieran adaptarse a las realidades y dictarse, en consecuencia, en estricta justicia, yo, legislador, recorrería el campo en jornadas congeladoras como la de hoy 28 de noviembre para empezar a distinguir entre cazadores auténticos y cazadores de sol —o de cargos, o de amigos— para encuadrar a unos y otros en sistemas legislativos diferentes. Entonces —¡hermosa utopía!— hasta es posible que a los cazadores-cazadores nos sobraran terrenos donde dar rienda suelta a nuestra afición.

Las liebres de Castilla
(5 diciembre 1971)

Las protagonistas de la jornada de hoy han sido las liebres, cosa nada extraña cuando durante todo el día no hemos hecho otra cosa que patear barbechos, pedrizas y pinares en el término de San Román. La supervivencia de la liebre es uno de los prodigios cinegéticos de Castilla. Uno no acaba de comprender cómo un animalito tan tímido y de tanto bulto, acosado cada día con más saña, aguanta todavía el tipo en 1971. Porque si acaso los lazos y las escopetas, los galgos y las cayadas de los pastores fueran poco, en los últimos años, la mecanización del campo permite al tripulante de una cosechadora o de un tractor descerrajarle un tiro a contrapelo a la rabona aprovechando la luz de los faros. Y no estoy hablando de fantasmas. De todas y cada una de estas trapacerías puedo dar testimonio. Porque lo único cierto es que en este país a la caza y a las leyes que tratan de protegerla no las toma nadie en serio. Sin ir más lejos, a mí me han llamado idiota en todos los tonos el verano pasado unos zangones por no tirar sobre una liebre que me arrancó de las botas cuando iba de codornices. Dados nuestro nivel de educación y nuestra especial idiosincrasia, esto es normal. Lo insólito de este país sería que la liebre fuera respetada en veda, y durante la temporada se la diera noblemente su oportunidad. Pero esto es pedirle peras al olmo; pura quimera. Sin ir más lejos, hoy, camino del cazadero, hemos sorprendido a una cuadrilla de galgueros con ocho perros en línea. Es obvio que una rabona avisada puede burlar a un galgo, a dos y a tres, mas para dar esquinazo a ocho precisaría la fuerza de un elefante y la agilidad de una ardilla. Bueno, pues, pese a todo lo dicho, la liebre no se extingue, aguanta en Castilla como en sus buenos tiempos. Esto demuestra, de un lado, que estos animales se reproducen con facilidad y, de otro, que pese a su lerda apariencia, van avispando a medida que el campo se complica y se ve zarandeado por las máquinas.

José M.ª Cuesta me decía hace unos días que en Torozos, la puerta de Tierra de Campos, la liebre ha criado mal este año, siendo así que estas siembras y robledos han sido de siempre un vivero inagotable. Concretamente esta temporada yo no he subido a Torozos, pero en la pasada, que estuvimos con Mariano Escudero y los Miranda en las Cortas de Blas, lo único que vimos en cantidad fueron liebres. La actual escasez es, cuando menos, un síntoma inquietante. Por lo demás y en otras partes, rabonas no hemos echado de menos este año. Tal vez, puestos a precisar, aquí, en Valladolid, la línea divisoria entre la buena y la mala crianza haya sido el Duero.

Disquisiciones al margen, esta mañana matamos el rato en los pagos de San Román. Cobrar cuatro liebres entre tres escopetas en lo libre a estas alturas no es mal balance Claro que el lance cinegético que depara la rabona es más que breve, fugaz, aunque hoy hubo dos que realizaron unas faenas infrecuentes que paso a reseñar. De la primera fui yo testigo inmediato. El bicho brincó en un barbecho cuando felicitaba a mi yerno que acababa de bajar una paloma de las nubes. A cosa de cincuenta metros cruzó frente a mí y yo, serenamente, la atiné, medí mentalmente distancia y velocidad, y disparé sobre seguro. Pero como, ante mi asombro, el animal seguía corriendo sin inmutarse, doblé, esmerándome aún más pero con el mismo resultado: ni un estremecimiento, ni la más mínima contracción, nada; su carrera era absolutamente normal. Sin embargo, mi sentido venatorio me indujo a seguirla con la vista mientras recargaba a tientas, hasta perderla, al final del barbecho, en un pequeño islote de pajas. La convicción de mi actuación correcta, que no otra cosa, me impulsó a ir tras ella. Avisé a mi yerno que iba a desmandarme para reunirme con la mano al cabo de un rato y, pian pianito, atravesé el inmenso barbecho y me asomé al pajonal en cuestión. A la salida de éste, a horcajadas de un cerro, aparentemente intacta, estaba la liebre muerta. «Esto es cosa de todos los días ya se sabe», objetará el lebrero experto, pero lo cierto es que si mi objetor tuviera ocasión de medir la distancia que recorrí para llegar a ella, ya no se lo parecería tanto. A todos nos ha sucedido encontrar la liebre sobre la que disparamos —especialmente las de flanco— a cien o doscientos metros del lugar de autos e, incluso, en terrenos abiertos las hemos visto perder brío, vacilar sobre las patas traseras para, finalmente, desplomarse. Tal cosa es frecuente en los animales heridos de pulmón. Lo que para mí constituye novedad, y como tal lo consigno, es que una liebre tocada de muerte recorriera sin inmutarse cerca de un kilómetro de barbechos erizados de terrones para ir a morir fuera del alcance de mi vista.

La segunda liebre fue la antítesis de ésta, es decir, una liebre *muerta* que, de repente, resucita, da la espantada y se larga a criar. El tiro de mi hijo Juan en un pinar fue, al parecer certero, puesto que la rabona dio dos voltinetas y quedó tendida en el suelo. Lo insólito del caso es que mientras mi hijo ahuecaba el morral, luego de apoyar la escopeta en un pino, el bicho dio media vuelta, se puso en pie y desapareció en una loca carrera. Vocear, azuzar a los perros, increparla, no sirvió de nada; el animal parecía tan vivo como si su madre acabara de parirlo. Mas, como es lógico, de inmediato surgen las cábalas: ¿Puede una liebre resucitar? ¿Cabe en estos bichos una astucia tal que les lleve a fingirse muertos para eludir el acoso? A mi juicio, ninguna de las dos cosas. En mi historial cinegético cuento con un capítulo semejante referido a un perdiz. Derribada sobre una alfalfa segada a rape y cuando me disponía a vadear un arroyo interpuesto, el pájaro —inmóvil y patas arriba hasta el instante de yo dar el salto —se enderezó, me miró y rompió a volar alarmadamente como si terminara de despertarse. ¿Motivo? ¡Vaya usted a saber! Aunque lo más probable es que un plomo le rozara la cabeza privándole momentáneamente del sentido. Y algo semejante, imagino, sucedería con la liebre de mi chico. ¿Desencanto? Pues, naturalmente, aunque ya se sabe que si la aventura de la caza no proporcionara estas sorpresas, dejaría de ser aventura y dejaría de ser caza.

Perdiz de invierno
(8 diciembre 1971)

Inevitablemente las perchas van menguando. Esta tarde recordaba yo la insensata carta de un profano a una revista cinegética en la que sentaba afirmaciones tan ligeras como ésta: «No puedo menos de calificar de criminal y alevosa la caza en los cotos, corrales donde la perdiz y el conejo proliferan y pueden matarse con los ojos cerrados». ¡Hombre, hay cotos y cotos! Los más, demasiado modestos como para que se pueda tomar en serio tan huera palabrería. Hoy, por ejemplo, me gustaría a mí haber visto al firmante de esta misiva en las cuestas de Santa María. ¡Virgen, ocho piezas para cuatro escopetas! Y eso, abriendo bien los ojos. A estas alturas, los rigores del clima en Castilla no favorecen un pelo. Y el tiempo, desde hace una semana, se ha puesto áspero aunque sigue sin llover, pero el viento racheado del noroeste, unido a una mínima insolación, hacen del paseo por el campo, de no cobijarse uno en sardones y pinares, un ejercicio mortificante.

Esta mañana no había resguardo posible y nos tiramos cinco horas ladera adelante bregando contra el viento a brazo partido. Y las perdices —que, dicho sea de paso, volaban muy recias y muy largas— no andaban en los vallejos, ni en las vaguadas, ni en los abrigaños, como suele ser usual los días revueltos, sino en los barbechos —barbechos groseros, de terrón voluminoso— buscando individualmente su nicho entre los cavones. A mí, que en honor a mi pie fracturado, todavía renqueante, me correspondió faldear la ladera, me arrancaban los pájaros de la nava, a doscientos o trescientos metros, nunca apiñados, sino uno aquí, dos allá y otro en el esquinazo opuesto; en una palabra, chorreaditos, con lo que, de no ser por su escama, podría haber logrado un buen botín. Pero, ya, ya. En diciembre, la perdiz meseta sabe más que Lepe, Lepijo y su hijo. Es pájaro matrero, a menudo con algún perdigón en el cuerpo, que recela hasta de su madre. Por esta razón quedé más que satisfecho con las tres patirrojas que pendían de mi costado al regreso al coche, ya que se trataba de aves suspicaces, trabajadas y difíciles Una en particular me ha dejado huella. El bicho trató de sortearme, considerándose a distancia de inmunidad, a cosa de cien metros, raseando los terrones. Yo, antaño, a estos pájaros tan díscolos, no los tiraba, pero aprendí de Julio Moro. Un día en San Cebrián hace qué se yo el tiempo, mientras reunidos en corro liábamos unos pitos, el amigo Julio vio cruzar una perdiz volada de otros a una distancia exorbitante, pero él, como por broma, se encaró cachazudamente la escopeta y dijo: «Voy a tirarla: no es fácil pero algunas de estas caen». Y dicho y hecho. La tomó los puntos, adelantó, disparó y el pájaro quedó frito entre los surcos. Desde aquel día, yo me he aficionado a tirar, no largo, sino larguísimo, a las piezas que me ofrecen un costado. Los flancos de la caza son mucho más vulnerables que el trasero. No necesito aclarar que las más de las veces mis disparos son música celestial, pura y vana cohetería. Por eso mismo, el exiguo porcentaje de aciertos, como el de esta mañana, me hacen bailar en una pata. La perdiz me vio de lejos y trató de eludirme volando bajo y largo, mas yo me hice la reflexión de Julio Moro («difícil, pero algunas caen»), me armé, apunté y disparé, pero ante mi ineficacia, adelanté resueltamente, doblé, y la perdiz se desplomó como un trapo. Pájaros como éste, que tan poquitos entran en kilo, son de los que nos hacen hablar a solas en el campo.

Las otras dos perdices, si no fáciles, tampoco fueron de las que dejan memoria y, en cambio, se me fue una que me sacó el *Choc* sin avisar de las aulagas cimeras de un pequeño montículo de la que oí hasta el galleo. (El cazador, en general, por un inexplicable masoquismo, recuerda más a menudo la perdiz marrada a capón que la que colgó en azarosas circunstancias.) En resumen, derribé tres perdices apuradas y se me fue la facilona, paradoja conveniente para mantener recortada nuestra pequeña vanidad cinegética, propensa siempre a la desmesura. Y para completar tan parvo macuto paré un conejito que, cosa rara, me arrancó de la pestaña de una ladera furiosamente batida por el vendaval. A saber qué pintaba allí este gazapete despistado.

Con sorpresa advertimos que la *Dina* está preñada de nuevo. Desconozco la relación edad-fecundidad en los canes pero no tiene, creo yo, que diferir en lo sustancial de la de las personas. Y si para comparar las edades de unos y otros no hay más que multiplicar la de los perros por siete, resulta que la perrita, con sus ocho años a cuestas, viene a ser como una mujer que quedara encinta a los cincuenta y seis. La cosa parece excesiva, pero en fin... Charlamos con Beneite, el guarda del taller, y asegura que el padre no puede ser otro que el *Choc*. Será digno de verse lo que sale de la mezcla. Puestos en lo justo, no sé qué puede esperarse de un padre perdiguero-braco y una madre *setter* pura, por más que estoy cansado de ver perros eficaces en el campo que, por supuesto, carecían de *pedigree*. Y a la inversa, perros bien presentados y pura sangre que eran verdaderas nulidades. Lo que no estaría de más serían unos cachorros con la fuerza del *Choc* y la cabeza y la experiencia de la *Dina*.

La perdiz alicorta
(16 diciembre 1971)

Aprovechando el tiempo calmo, de heladas barbudas, mi hijo Germán y yo nos llegamos a Santa María para cazar la mañana ya que ambos teníamos quehaceres ineludibles para por la tarde. Antes de mediodía el tiempo se puso de cambio, saltó un norte muy fino y el cielo se entoldó de nubecillas blancas. Deliberadamente dejamos en casa a los perros, a la *Dina* por su avanzado estado de preñez y al *Choc* por una colitis aparatosa que desde hace tres días le hace caminar despatarrado. Mas apenas iniciado el cacerío, ya estábamos clamando por ellos, pues es cosa sabida que a perros en casa, perdices alicortas. Y no es preciso recordarle al lector-cazador el desgaste de fuelle y piernas que la cobra de una perdiz de ala exige. Diríase que la tremenda fuerza de este pájaro se concentra en las patas tan pronto el ala falla. Diría más: cazador que vacila unos segundos ante una perdiz a peón, cazador que, de no contar con un can diestro, se queda sin pieza. Yo no puedo calcular la cantidad de carreras —carreras espasmódicas, desenfrenadas— que en mi vida cinegética han promovido perdices aliquebradas. Pero, como es lógico, a medida que el tiempo transcurre —máxime este año en que mi pierna derecha todavía se resiente— las tabas se enmohecen, los músculos se agarrotan y las galopadas se tornan por días más tardas y remisas. En cualquier caso, la perdiz en el suelo es un diablo; rápida y escurridiza como un lagarto. Además, su huida —generalmente en la dirección en que el cazador corre— no es una fuga alocada. La perdiz hace lo contrario del avestruz. Ésta oculta la cabeza bajo el ala para que no la veamos; se engaña. La patirroja se esconde entera cuando no la vemos; nos engaña. La perdiz es sumamente astuta. Jamás se oculta *mientras se sabe a la vista*; es más, suele hacerlo tan pronto sale del campo visual del cazador. Por eso a la perdiz alicorta conviene seguirla de cerca o bien buscando un alto que domine el terreno y la impida el amonamiento.

Germán, mi hijo, lo hizo así esta mañana al derribar dos, en doblete, desde lo alto de la ladera y caer una planeando sobre la tierra recién arada. La distancia entre él y el pájaro era grande, pero mi hijo, dando de lado la perdiz derribada en primer término, que cayó como un saco salió como un cohete hacia la otra, pero paralelo a ella, no descendiendo, sino conservando su lugar prominente en la cuesta, la perspectiva aérea, observatorio inigualable para poder seguir en todo momento sus evoluciones. El pájaro, al notar sobre sí la mirada atenta del cazador no se agazapó, continuó apeonando, con lo que mi hijo pudo cobrarlo a trescientos metros del lugar del disparo. Claro que la oportunidad de una atalaya no se da siempre. A veces, incluso, no sólo no hay promontorio, sino que la perdiz es derribada en un espesar donde, de no contar con un perro enseñado y de buena nariz, más vale decirle adiós desde un principio y no perder el tiempo.

Ahora recuerdo que hace unos años, cuando preparaba *El libro de la caza menor* con el fotógrafo Ontañón, mi hermano Manolo derribó una perdiz de ala en el monte de Villanueva de Duero. Mi hermano pesaba entonces más de cien kilos y mientras corría, entre resuello y resuello, encarecía a Ontañón, en cuya dirección caminaba la perdiz, que le atrapase la pieza. Empero, el fotógrafo, ajeno por completo a la codicia cinegética, vio en aquella circunstancia la posibilidad de unos buenos grabados para el libro y, mientras el pájaro franqueaba el calvero, disparó seis u ocho veces la cámara hasta que aquél se refugió en una mata de encina de una densidad y un tamaño más que regulares. No es preciso reproducir las gruesas frases de mi hermano jadeante, apostillando el pintoresco lance.

La perdiz aliquebrada en fuga aspira a *dejar de ver* al cazador pero inevitablemente escoge para ocultarse el instante en que *él no la ve tampoco a ella*. Conscientes de esto, lo procedente, si el lugar no es muy accidentado (hablo de cuadrillas sin perro) es registrar los alrededores con un alto porcentaje de probabilidades de encontrarla ovillada en un tomillo o una depresión del terreno, cuando no en la hura de un conejo (yo he sacado varias perdices de las bocas de los conejos. Es sencillo porque los pájaros, tal vez amedrentados por la oscuridad, nunca profundizan y es suficiente meter el brazo hasta el codo para prenderlos).

El perdicero debe saber que el ovillamiento de una perdiz aliquebrada es pasajero, breve. De no patear el lugar de derribo, con lo que la asustamos y aumentamos su recelo, rara vez sobrepasará el cuarto de hora. Transcurrido este lapso, el pájaro *se olvida* de su incapacidad, se incorpora y se dispone a reanudar su vida normal. De ahí la frecuencia —particularmente en los cazaderos poco extensos donde se anda sobre lo ya andado— con que a la tarde nos sale al paso la patirroja que aliquebramos por la mañana. Todo cazador con alguna experiencia tendrá anotadas en su agenda suertes de esta índole. Fiado en ello y persuadido de mi mala disposición para la carrera, esta mañana me armé de paciencia y decidí emplear el sistema del plantón para cobrar un hermoso macho derribado en un barbecho, tras una pequeña loma. Ante la imposibilidad de registrar hoyo por hoyo, cavón por cavón, en un radio de cincuenta metros, me quedé inmóvil, haciendo la estatua, en lo alto del promontorio. Por la parte más baja de la tierra, corría un arroyo erizado de espadañas y yo tenía la seguridad de que la perdiz, *al creerse sola*, trataría de guarecerse allí. Me encuclillé, pues, y retuve hasta la respiración. Y, en efecto, no habían transcurrido diez minutos cuando el macho se enderezó a no más de veinte metros de donde yo aguardaba y trató de ganar el regato a toda velocidad. Mi repentina irrupción no le hizo ninguna gracia y pude atajarle sin dificultades.

Pero a pesar de nuestras precauciones y añagazas, Germán y yo dejamos un par de perdices alicortas esta mañana entre las aulagas de los perdidos. Son gajes del oficio, servidumbres obligadas. Estos pájaros no sufren. A la perdiz, si no se la aprieta, no le place volar. Es ave candonga como es la codorniz o, fuera de la familia, la avutarda. Eso sí, la perdiz aliquebrada hoy la delatará el domingo el can de otro cazador, si no la atrapa antes el raposo o el garduño en una de sus incursiones nocturnas.

La asomada
(19 diciembre 1971)

La *Dina* alumbró anoche dos cachorros: macho y hembra. El macho pintado, de marrón oscuro como el *Choc* su padre, en tanto la hembra es blanca, con motas color canela, como la madre. Ambos tienen largas orejas, morro ancho, boca oscura y prestancia; lo que se dice buena lámina. No hay precedentes de camada tan reducida en la *Dina*, animal muy temperamental y fecundo, con doce mamas y mucho genio. La decadencia física de la perrita se muestra en este parto tan exiguo.

Antes de marchar, subimos al taller a verla y realmente resultaba conmovedora su indecisión entre el monte y los hijos. Nos olisqueaba las botas y los bajos de los pantalones, excitada, y, acto seguido, parecía recapacitar, vacilaba y retornaba a la caseta a amamantar a los cachorros. Finalmente, la dejamos en paz y nos fuimos a Santa María con el *Choc*.

Dando de lado huracanes y nieblas, ésta ha sido la primera jornada decididamente hiberniza del año: cielo bajo y turbulento, brumas remotas cercenando el paisaje y una lluvia menuda y punzante —como puntas de alfileres— cayendo en rociadas intermitentes (evidentemente este otoño no quiere llover en forma).

Los días así la perdiz se oculta bien y resulta difícil descubrir los bandos. Eso explica el escasísimo traqueo de la jornada: trece tiros, cuatro por barba. Tiros disparados además, las más de las veces, sobre piezas inciertas, difusas, a las que se foguea por probar, por aquello de ver qué pasa. Pese a todo, descolgamos cinco que, puestos en lo justo, es casi como partir con el campo, resultado que no está mal.

En estas condiciones climatológicas, de visibilidad reducida, se calculan mal las distancias; la falta de luz nos juega malas pasadas. De salida, por ejemplo, yo dejé dos perdices sin tirar para, de inmediato, darme cuenta de que no iban tan largas como creía. En días así, estos fenómenos no son raros. Ante una patirroja que se arranca, uno se dice: «las tías vuelan en París», pero si en las proximidades hay una referencia —un chozo, un majano, o una carrasca— y el pájaro lo sobrevuela, después de nuestra inhibición nos decimos: «He hecho el primo no tirando; las he bajado más largas». Pero esta actitud, a balón pasado, no remedia nada; la omisión es irreversible. La bruma y el cielo bajo son tan engañosos que no cabe contar ni con el propósito de enmienda, ya que si cinco minutos después salta otro pájaro en condiciones análogas es muy probable que vuelva a sucedernos lo mismo.

Mas, por encima de las dificultades que origina la poca luz, está la intrepidez de la perdiz en este clima; la casi imposibilidad de doblegarla físicamente. En días fríos y brumosos la perdiz se mantiene entera, ojo avizor toda la jornada. Tanto da desperdigarla como no desperdigarla. Aislada o en bando continúa alerta y como no existe merma de facultades, su vuelo es pronto y vivaz, un noventa y nueve por ciento de las veces fuera de tiro. Y si los pájaros no aguardan, renuncian a guarecerse en un breñal o a ovillarse en un matojo, al cazador no le queda más que un recurso hábil: la asomada. He aquí casi la única posibilidad de abatir perdices en el duro invierno mesetero. ¿Que en qué consiste? Muy simple: en buscar acceso a los lugares bajos a través del terreno contiguo más alto y próximo (en el caso de un montículo redondeado y con broza yo no irrumpiría por la parte alta de la cuesta sino por media ladera para dominar los altos y los bajos). En los días que la perdiz no se sujeta, no vale de nada —o de muy poco— caminar tesoneramente, sin ton ni son, registrando pajas y matojos, sino que lo que procede es estudiar la manera más conveniente de acceder, quedos y silenciosos, a la escorrentía, el cárcavo, el desmonte o la caída de

51

una ladera. En los días de sol —caniculares o de helada— tales previsiones no son imprescindibles puesto que el ganado, tras los primeros vuelos, una vez aislado, suele sestear entre la maleza y la sorpresa puede producirse, sin necesidad de recurrir a la asomada más o menos furtiva, en cualquier parte. En los días crudos no, o sólo excepcionalmente. Durante estas jornadas, la perdiz no renuncia a la guardia y, en consecuencia, la escopeta alta, únicamente podrá sorprenderla, badulaqueando por el páramo e irrumpiendo en la ladera cada cincuenta o cien metros; la central, afrontando en vertical repechos y caballones y, la faldera, arrimándose astutamente a los cortados y desniveles que ofrezca el terreno. El secreto de la asomada no es más que eso: saber asomarse; personarse de sopetón, de tal forma que a la perdiz resguardada en la depresión no le queda otra salida que alzarse dentro del radio de acción de la escopeta.

Argüirá el lector que estas cosas se dicen mejor de lo que se hacen; que la teoría es hermosa pero que su aplicación dista mucho de ser tan simple. El argumento es válido aunque la escasez de oportunidades no destruye la eficacia de la táctica como tal. Hoy, concretamente, es muy probable que, de no haberla utilizado, hubiéramos regresado a casa bolos o, a lo sumo, con una pieza, porque el resto, las otras cuatro, cayeron a la asomada. Ahora, que para ponerla en práctica se requieran afición, piernas y paciencia ya es otro cantar. El cazador asomará, al cabo de la jornada, cuarenta o cincuenta veces y únicamente una o dos acertará: había pájaro agazapado. ¿Que esto es poco? Evidentemente, pero caminando al albur, en línea recta, a la buena de Dios, lo más seguro es que no suceda nada, esto es, que nos llegue el toque de retirada con la canana virgen, sin disparar

un tiro, lo que equivale a decir que la táctica ciertamente no será un filón, pero menos da una piedra.

La turbulencia del día alborotó a las gangas que
durante toda la mañana merodearon por los contornos sin decidirse a entrar en plaza. Es pájaro muy
avisado éste. También vimos ingentes bandos de
azulones sobrevolando la vega del Arlanza.

A las tres de la tarde, cuando bajábamos a comer
caliente en Quintana, nos tropezamos con Enrique
Calleja que iba al río, de aguardo, con unos cimbeles.
Según nos dijo, su hijo andaba moviendo los parros
arriba y confiaba que alguno se tirase al engaño. Le
deseamos suerte aunque estas estratagemas con los
patos de río no suelen resultar eficaces.

El raposo
(26 diciembre 1971)

Entre los venadores, el raposo suele tener muy
mala prensa. Según ellos, cuando se presenta, un re-
cibimiento a tiros es lo que le corresponde. El cazador considera al zorro su enemigo ancestral. ¿Motivos? Le roba las perdices y los gazapos y atenta, por
tanto, contra sus gratas horas de esparcimiento. La
enemiga cazador-zorro responde a una vieja tradición. Son como dos perros disputándose el mismo
hueso. Y hasta tal extremo llega esto, que allí donde
no hay perdiz o la perdiz escasea, la responsabilidad
recaerá sobre el zorro. Por otra parte, lo primero que
hará una cuadrilla que toma un coto en arriendo es
poner cepos o veneno para destruir las alimañas.
Pero en Castilla ya se sabe, raposo y alimaña son términos equivalentes. Esta actitud no deja de ser ingenua ya que salvo en los casos de una proliferación

desmedida, no es pensable que el zorro pueda, por sí solo, descastar las perdices de un término. La perdiz es un ave avispada que se defiende bien y en las zonas zorreras peor que ella lo pasarán, con toda seguridad, lebratos y conejos. Empero la leyenda —cuanto más truculenta, mejor— influye y, pese a nuestra convicción de que el raposo no pasa de ser un eslabón más de la cadena ecológica, entre cazador y raposo existe un desafío latente, una enemiga inconciliable que se transmite de generación en generación.

La cuadrilla del que suscribe raro es el año que no zorrea un día o dos en el soto del Arlanza. Como es raro que transcurra un invierno sin asomarse, al menos una vez, al término de Olmedo, una extensa mancha de pinares, entreverada de carrascas y labrantíos. La repoblación ha salpicado de pimpolladas estas heredades y en una de ellas (que tal vez cuente veinte años dada la lentitud con que medran los pinos) anduvimos ayer urdiéndole una trampa al raposo. El cazadero resulta apañado supuesto que el pinatar desemboca en campo abierto de un lado, mientras de otro lo hace a un barbecho que antecede a una cerviguera muy prieta de carrascas. La salida del raposo es, pues, obligada por este lado donde tiene a mano el perdedero. Entonces la operación es primaria: dos escopetas se parapetan al margen de la ladera, encarando el barbecho, mientras las otras dos mueven la mancha con los perros. En lo sustancial el sistema no difiere del de la caza de liebre con podenco, muy practicada en el norte. Lo atractivo de esta operación es la sorpresa, ya que a veces lo que surge de la pimpollada sin olivar son liebres y en tal caso es bobería aguardar al raposo. Pero ayer no ocurrió así, y a los veinte minutos de invadir mis chicos la espesura, se arrancaron hacia la cerviguera dos zorros hermosos, pero uno, al poco rato, lo reconsideró (u olfateó los puestos), el caso es que giró noventa grados y se perdió en las siembras a buen paso. El otro, por contra, entró al matadero dócil, mansamente, mas mi yerno, aún no demasiado ducho en estos menesteres, se precipitó y le largó dos tiros a no menos de treinta y cinco metros. A los tiros, el animal empezó a girar sobre sí mismo y, finalmente, se enderezó, alejándose, en tanto mi yerno le perseguía tratando de asestarle el golpe de gracia. Todo inútil. El raposo, evidentemente tocado, se refugió en un cañizal de maíz y por más que le maneamos luego arriba y abajo no volvimos a verle el pelo.

La misma suerte, y en el mismo lugar, nos ha cabido en dos ocasiones anteriores a disparos de mi hermano Manuel y de mi hijo Juan, respectivamente, lo que significa que tirar a un zorro a treinta metros con perdigón de séptima es una candidez (mi amigo el Dr. Porro, no piensa así, ya lo sé, pero yo me limito a constatar modestamente las experiencias de mi cuadrilla). El raposo, mientras conserva un rastro de vida, es muy refractario a entregarse. Todos hemos sido testigos de la frecuencia con que un raposo atrapado en un cepo se arranca la pezuña antes que dejarse prender. En El Montico, en Puente Duero, mi hijo Miguel, todavía un niño, disparó los dos tubos de su escopeta sobre un raposo, pero la pieza la cobró Félix, el guarda, al día siguiente, a doscientos metros del lugar del lance. Quiero insinuar con esto que es más que probable que estos tres zorros a que me refiero fueran a morir a la zorrera o en el mohedal, pero lo cierto es que a nosotros, sus presuntos aprehensores, nos burlaron.

En esta excursión de ayer, yo recordaba dos sorprendentes encuentros con el raposo, hace quince o veinte años, cazando en solitario en las inmediaciones de Valladolid. Los automóviles aún no se habían multiplicado, ni había entrado la febril manía de las urbanizaciones, con lo que alejarse seis kilómetros de la ciudad suponía tomar contacto con un medio absolutamente natural y silvestre. De este modo, todavía era posible —como me aconteció a mí en Boecillo en el otoño de 1950— que un raposo brincase a mis pies de una carrasca cuando cazaba torcaces en los pinares. O bien, la emocionante escena que viví en los páramos inmensos de Renedo de Esgueva en 1954. La irrupción de una picaza en la pestaña de la ladera me indujo a ocultarme tras un majano próximo (nunca sentí la menor simpatía por los córvidos), pero mi asombro se transformó en perplejidad al ver aparecer tras la marica la soberbia cabeza de un raposo macho. Aguardé inmóvil a que el bicho se internara en el páramo, mientras la pega describía círculos en torno suyo, galleaba con entusiasmo y, de cuando en cuando, le picoteaba el lomo como si le espulgase. Y conforme el zorro dibujaba en aquel erial dilatado y desierto un amplio semicírculo, yo me ceñía al majano a su compás, esperando que el animal cambiara de dirección y se me pusiese a tiro. Fue una espera emocionante aquella que se prolongó durante bastantes minutos, hasta que al cabo, tras varios titubeos, el zorro volvió a desaparecer en la ladera trescientos metros más abajo de donde había aparecido. Mi reacción fue instantánea. Me lancé a la carrera y, aun con el resuello en el cuerpo, llegué a sorprenderle en medio de la cuesta rascándose afanosamente sobre una lasca. Saltar él, asustado, y disparar yo fueron dos movimientos simultáneos, mas, a pesar de que repetí sin pérdida de tiempo, el bicho concluyó de bajar, vadeó la vaguada y únicamente al iniciar el repecho de la ladera opuesta empezó a tortolear y a aflojar el paso. Dando bandazos, avanzó diez metros más y, súbitamente, se acostó y quedó muerto sin mover un pelo. No hace falta decir que en un sardón o en cualquier lugar menos desabrigado que aquél lo hubiera perdido, con la sospecha, además, de no haberle tocado.

En fin, esto son nostalgias, agua pasada, y ni la nostalgia ni el agua pasada mueven molino. Que el raposo —nuestro secular enemigo— menudea en nuestros pagos, es obvio. E incluso aún es posible como nos sucedió ayer ver dos al mismo tiempo. Lo que ya, desgraciadamente, no parece factible es que uno pueda topárselo a dos pasos de la ciudad, al cazar en solitario, y derribarlo bonitamente como quien derriba un conejo.

Día de nieve
(2 enero 1972)

Aunque vi caer los copos con cierta solemnidad durante cerca de dos horas nunca pude imaginar que ayer nevase tanto. A pesar de ello, pensando en *la fortuna*, acordamos quedarnos en casa. Empero, esta mañana al ver el sol, limpio e incisivo, desnudando los tejados, llamé a mi hermano Manolo y decidimos llegarnos a Villanueva de Duero. «A las doce no quedará en el campo ni rastro de nieve», le anticipe con mi optimismo cinegético habitual. Luego, según progresábamos hacia el cazadero, comprobé la alegría de mi vaticinio: a mediodía, aunque el sol picaba con fuerza, las siembras continuaban cubiertas (con una capa de cinco centímetros de espesor) y de las ramas de los pinos, mecidas por el viento, se descolgaban perezosamente pellas de nieve reblandecida. Era un espectáculo fascinante y poco a poco, porque la carretera ofrecía cierto riesgo, continuamos hacia nuestro objetivo pensando ya únicamente en las avefrías puesto que para las especies ordinarias era evidentemente un *día de fortuna*.

Sin embargo, las avefrías, contra todo pronóstico, no se presentaron, seguramente porque el temporal de nieve no ha sido general. Pero si la borrasca se extiende al norte de Europa, mañana o pasado inmigrarán a millones buscando campos húmedos, pero limpios, donde aterrizar. Es la copla de todos los años. Recuerdo que la temporada pasada, la primera nieve se presentó el día de Navidad, y el domingo 27, jornada terriblemente revuelta, la pasa de quincinetas hacia el sur nos proporcionó, en este mismo cazadero, un día inolvidable. Apostados entre los pinos aprovechando un cielo bajo y plomizo, pudimos dar gusto al dedo y cobrar abundancia de pájaros. A mediodía las nubes levantaron y con ello se esfumó la oportunidad ya que la altura de crucero de estas aves, que suelen volar como los patos marcialmente formadas en uve, rebasa de ordinario los sesenta metros. A cambio, la claridad del día nos permitió contemplar a nuestro sabor el movimiento masivo de pájaros: bandos de cien a mil ejemplares surcaban incesantemente el cielo en dirección norte-sur y así seguían cuando se nos echó la noche encima.

De chico, hace treinta y muchos años, recuerdo haber tirado con frecuencia a los aguanieves desde un renqueante *Chevrolet* al que por su color llamábamos *El Cafetín*. En Castilla, a falta de las praderas húmedas de que tanto gusta, la avefría asentaba en las cunetas o en los perdidos pantanosos contiguos a los carrascales y, en los años de abundancia, no rehuía las labores encharcadas.

Dada su natural prevención, asombraba su confianza ante el automóvil que se metía entre el bando sin ahuyentarlas, hasta el punto de que nos era sufi-

ciente una carabinilla de doce milímetros de un solo
tubo para lograr un buen ramo. Nunca olvidaré la primera que abatí en un aguazal en los bajos de La Sinoba, mi impaciencia por cobrarla y el susto que me
llevé al ver colgando de su pico una lengua descomu-
nal. Mi padre celebró mi sorpresa con una gran car-
cajada: «Tírale de la lengua» —me dijo—, y yo, con
terror que no acertaba a disimular, tiré y, ante mi
asombro, la lengua se desprendió sin resistencia: era
una lombriz de tierra de exageradas dimensiones. La
avefría, pájaro de vuelo blando y coreado, es ave gregaria y, en consecuencia, querenciosa del reclamo. A
mi hijo Juan le trajo de Francia su hermano Miguel un
cimbel muy ingenioso: a los tirones del *nylon* res-
pondía el juguete con un reiterado asentimiento de
cabeza como si picotease en el lodo. Y ya se sabe que
la avefría, ave sumamente glotona, tan pronto divisa a
un congénere entregado a los placeres gastronómi-
cos, planea grácilmente sobre él y termina abatién-
dose a su lado en espera de participar del festín. Tal
actitud promueve una nueva modalidad de caza: el
aguardo, procedimiento que exige una ocultación
concienzuda de la escopeta. Fiar la pantalla a un ribazo o cuatro juncos es tontería. El cazador ha de ta-
parse bien y si no se tapa bien, fracasará. Mi experiencia al respecto, aunque corta, creo que vale. De
entrada, el bando levantado en los aledaños e inteli-
gentemente empujado, se siente atraído por el cimbel
y hacia él se dirige en vuelo cauto y circular, emitiendo chillidos jubilosos. La sugestión del cimbel se
produce, pues, de manera automática. Pero si la escopeta no está bien camuflada, el pájaro barruntará la
treta y abandonará la querencia sin demora Para
evitar su fuga, lo que procede es levantar un tollo en
los lugares habitualmente frecuentados por estas aves
para que se acostumbren a él desde su llegada. Ga-

nada su confianza, el resto es coser y cantar. El cazador, encerrado en el puesto antes de que amanezca, disponiendo de unas troneras bien orientadas, podrá disparar sobre las avefrías en vuelo o a calzón quieto. La cobra, como la de los patos en lagunas y navajos, deberá efectuarse al concluir la jornada.

No faltará quien argumente, y con más razón que un santo, que levantar un tiradero y conservarlo exige la propiedad de una finca, requisito que no está al alcance de todas las fortunas. Esto es como lo de esos libros de cocina cuyas recetas comienzan con gran naturalidad: «Cuézanse unas colas de langosta en dos botellas de champán francés...». Lo de la quincineta tiene, sin embargo, mejor arreglo, ya que este pájaro admite una versión de caza *a lo pobre*, mediante una aproximación furtiva mientras come, aprovechando los obstáculos del trayecto. El blanco de la avefría no ofrece dificultades; lo único complicado es conseguir ponerla a tiro.

Desde mi puesto, junto al Duero, divisé hoy a última hora de la tarde dos grandes bandos sobrevolando la cinta del río. Si el nuevo día amanece turbio, trasunto de borrasca en el Báltico, la pasa hacia el sur, a buen seguro, se generalizará pasado mañana.

Bella faena del Choc
(10 enero 1972)

Un cielo aborrascado, con ligera llovizna a ratos y un sutil e insidioso viento del noroeste, produjeron ayer un día desagradable, de mala visibilidad. Por si algo faltara, la nieve caída el primero de año no fundió hasta el sábado, con lo que la andadura por terrenos pegajosos no constituyó precisamente un placer. No obstante, hay que reconocer que la cuadrilla, en esta primera cacería del año 72, acertó a luchar contra las piezas y los elementos y a las dos y media de la tarde, hora de retirada, había conseguido un morral de trece perdices y dos liebres.

En lo que personalmente me concierne, tuve el santo de cara ya que cobrar ocho pájaros en este mes y en las condiciones descritas no es cosa que se vea todos los días. *Pluralizando* —que diría la señora Sira, la frutera— que la de ayer fue para mí una de esas jornadas en que todo sale bien, con mayor motivo si contamos con la peligrosidad del piso que a menudo me inducía a pensar en la integridad de mis huesos antes que en las perdices. Nada de esto, repito, me impidió disparar y armar una buena percha. E incluso a la hora de la recapitulación debo reconocer con humildad que esas ocho perdices pudieron muy bien ser diez u once. Pero yo siempre he tirado mal a esas perdices que irrumpen inopinadamente sobre nosotros, que literalmente *nos tragan*, cuando faldeamos una ladera protegidos por un desmonte. Esos pájaros volados arriba, llevan una velocidad de centellas y cuando uno quiere dar media vuelta, apuntarlos y tirar del gatillo, andan ya en la capital. De este modo marré ayer dos. Por regla general, en las perdices atravesadas que uno yerra, la perdigonada queda corta, esto es obvio, pero en perdices al hilo levantadas en lo alto, desconozco todavía dónde va el tiro. ¿Alto? ¿Bajo? Probablemente esto último pero no me atrevería a asegurarlo. En compensación a estas torpezas, descolgué una perdiz bravísima que surgió a cuarenta metros de altura y para tirarla —ya en vertical— hube de adelantar mucho de un solo golpe y doblar hacia atrás la cintura hasta casi quebrarla. El tiro real que dicen los conspicuos.

El regreso por las tierras bajas fue la odisea. Uno

recordaba, sin querer, la retirada de Napoleón en Rusia. Las siembras y barbechos, húmedos y deslizantes, añadían una cuarta de suela a nuestras botas y caminar por ellos resultaba penosísimo. Cada quince o veinte metros, uno había de detenerse y lanzar al aire un par de pataletas para que la greda se desprendiese. En jornadas así, el barro frena también a la perdiz que, en busca de suelo expedito, suele refugiarse, como en los días de sol, en pedrizas, lindazos y arroyos, allí donde la piedra o la paja afirman el piso. El cansino caminar de la escopeta se compensa entonces con la menor viveza de los pájaros, reacios a apeonar por los barbechos. Dato elocuente es que en el pedregal de un majuelo, donde la tierra era más firme, volé hasta medio centenar de perdices, largas, eso sí, pero desparramadas después por tomillos y espuendas, nos permitieron engordar las perchas. Mas, a pesar de sus precauciones, varias de las que abatí tenían entre los dedos unas diminutas pellas de barro que dificultaban sus movimientos. O sea, tras los cuatro pájaros bajados en las cuestas, vinieron otros cuatro conseguidos a base de recorrer pausada, tenazmente, los arroyos de la nava y los setos de aulaga y espino. Total, ocho perdices en mano, cifra nunca superada por mí en Castilla la Vieja en el mes de enero.

Otra gran satisfacción me la deparó el *Choc*. Por pura niñez, cuando sale al campo con la *Dina*, vieja y experta, este perro se limita a corretear tras ella de acá para allá, sin el menor chispazo de genialidad, delegando la iniciativa. Ayer, en cambio, diríase que consciente de su responsabilidad, dio el do de pecho cobrando una perdiz de Juan y Manolo en la otra ribera y a veinticinco metros del arroyo donde éstos la buscaban. Pero esto es poco más que nada al lado de la faena magistral que realizó conmigo. Cuando me dirigía a cobrar una perdiz derribada, otra se alzó de unas pajas muy larga, mas, al tirarla, advertí que frenó en el aire, perdió fuerza y fue a refugiarse a una linde próxima, a mi derecha. Cobré la perdiz primera y me encaminé sin perder tiempo a las pajas donde la segunda se había dado. Al llegar, el pájaro voló literalmente de mis zancajos, le dejé alejar, le tomé los puntos y oprimí el gatillo pero el tiro no salió; en mi doble preocupación por cobrar una pieza sin perder de vista a la que huía ¡me había olvidado de cargar! Irritado conmigo mismo me limité a seguir atentamente las irregulares evoluciones de su vuelo hasta dos grandes piedras a orilla de un camino flanqueado de juncos, a cosa de trescientos metros de donde me hallaba. Llamé al *Choc* y, atravesando tierras mollares y pegajosas, me encaminé al lugar donde la había perdido de vista. Desconfiando del perro y ante el temor de que se alejase, lo mantenía a mi lado, pero él, muy picado, se obstinaba en adelantarme, la nariz en tierra, por el lado derecho del camino. Avanzamos así unos centenares de metros, yo con el convencimiento de haber rebasado el pájaro, el *Choc* olfateando cada vez con mayor ahínco, moviendo nerviosamente el muñón del rabo en señal de esperanza. Muy lejos ya de las piedras, en una pronunciada curva del camino, la junquera se espesaba y ensanchaba y, al arrimarse a ella, el *Choc* súbitamente se detuvo levantando el morro. Fue cosa de unos segundos. Al instante brincó, las dos manos juntas, hundió el hocico en lo más espeso de la junquera, mientras su trasero y el rabo que emergían de la fronda pregonaban con sus movimientos eléctricos su contento. Al arrimarme a él, la perdiz, todavía viva, aleteaba impotente entre sus mandíbulas. ¡Una hazaña! ¡Una auténtica hazaña si consideramos el recorrido del pájaro y lo intrincado de la maleza! Es cierto que en la caza de perdiz en mano, cada vez que el can se adelanta nos desazona, pero es en faenas como ésta donde nos resarce de otros sinsabores.

En el taller encontré a los cachorros de la *Dina* muy pispos; ya corretean y juegan. Yo creo que separarlos el próximo domingo siete u ocho horas de la teta no será ningún disparate. Siempre que la madre acepte, por supuesto.

La liebre de Manolo
(17 enero 1972)

La *Dina*, la perrita, tal como esperaba, se concedió un respiro en sus obligaciones maternales. Esto de la maternidad puede llegar a convertirse en una costumbre y en el caso de la *Dina* nada tiene de particular supuesto que desde que alcanzó la edad fecunda no pasa primavera ni otoño sin que se desdoble. Así esta mañana, al presentarme en el taller, nos aguardaba impaciente (el péndulo del rabo resulta enormemente expresivo en este animal) y tan pronto abrimos la portezuela del coche se coló dentro. Es sorprendente la intuición de los perros, su instinto para colegir en qué momento la teta deja de ser esencial para los cachorros. Hasta el pasado domingo, la *Dina* apenas se movía de su lado (si es caso hacía alguna incursión hasta el grupo para olfatear los trebejos y aceptar algún halago) pero hoy, tan pronto me divisó, se incorporó resueltamente a la partida presintiendo que, a estas alturas, sus deberes maternales podían compaginarse con el monte.

Los partos y los años han tornado a la perra reposada y sumisa. La *Dina* tuvo una juventud muy díscola —tal vez no creció en delicados pañales— y

64

su mal humor y su agresividad eran proverbiales entre los cazadores de la ciudad. A estas alturas ya no es la que era. Ahora ha adquirido la reticencia y la desconfianza de los viejos pero ha moderado sus impulsos. Concretamente esta mañana, al reanudar la actividad cinegética tras una larga temporada de inacción, apenas se separó de mi lado. Y si por un descuido se alejaba más de la cuenta, me bastaba chistarla suavemente para que ella se parase y me aguardara. Esa actitud sabia, difícil de conseguir en canes temperamentales, me permitió tirar una perdiz a postura de perro en un día infame, suerte ésta cada día más problemática —incluso en octubre— con estas perdices nerviosas que ha creado la mecanización del campo.

Por otra parte, es incontestable que el viento nos salvó hoy del remojón y para mí, aun siendo muy desagradable, es preferible el zarzagán a la lluvia. Al menos para cazar con gafas. En puridad, las condiciones climatológicas apenas si variaron en la última semana. Insinúo que este domingo allá se anduvo con el anterior: esto es, cazamos en una pausa (pertinaces lluvias hasta la noche del sábado e iniciación de una nevada furiosa en la tarde del domingo, tan pronto desarmamos las escopetas). Esto significa que el piso, en las siembras y barbechos de los bajos, estaba aún más pesado y deslizante que hace siete días con lo que la perdiz, recelosa de la greda, buscó amparo en los perdidos de broza, los majanos e islotes de aulaga en que tan pródigo es este cazadero. Esto nos permitió abatir alguna por sorpresa aunque el piso pegajoso significaba también una rémora para nosotros. La cacería de hoy vino a ser, pues, una competencia de fatigas suplementarias: botas embarradas del cazador contra patitas embarradas de la perdiz. Percha aparte, el resultado es que a la una y media no podíamos con nuestra alma y decidimos largarnos a Quintana a comer.

El lance pintoresco de la jornada corrió a cargo de mi hermano Manolo a cuenta de una liebre prisionera del barrizal. Nunca en la vida he presenciado un hecho semejante ni creo que vuelva a presenciarlo así llegue a los cien. El caso es que a mediodía apareció en el campo una galguita negra cuya procedencia ignorábamos y que se unió a la partida espontánea y alegremente. Parecía una perrita sociable y simpática y, como, por otra parte, no se alargaba le permitimos compartir nuestra suerte. Pues bien, al acceder Manolo a un arroyo seco, erizado de carrizos y espadañas, brincó una rabona hermosa que corrió por el borde de la maleza sin que él, distraído, pudiera soltarle los dos tiros antes de que doblara el recodo del cauce. Las inesperadas detonaciones pusieron sobre aviso a la galga que, sin encomendarse a Dios ni al diablo, se lanzó como un bólido tras la presa. Aunque he contemplado alguna prueba, nunca he cazado con galgos por lo que seguí las incidencias de la persecución desde un promontorio con auténtica curiosidad. Y aún me las prometía más felices ya que el arroyo iba estilizándose hasta desaparecer junto a un barbecho inmenso, apropiado para una carrera sin obstáculos. Pero la liebre, intuyendo tal vez que en aquel terreno pegajoso llevaba las de perder, dio un quiebro fulminante al concluir el regato y, en enloquecida carrera, volvió sobre sus pasos para sorprender nuevamente a mi hermano entretenido en cargar y desahogar su malhumor mediante los juramentos rituales. Ver la liebre, cerrar la escopeta, acular y disparar fue todo uno. Empeño vano. En su precipitación dejó los dos tiros traseros —con gran riesgo para nuestra amiga la galga—, pero la rabona, asustada por las detonaciones a quemarropa, tornó a fintar con agilidad pasmosa, burló a su perseguidora y reinició el recorrido flanqueando las espadañas, como si se tratase de un juguete mecánico en un canódromo. Desde nuestras respectivas atalayas, mis hijos y yo contemplábamos divertidos la escena, pero nuestra sorpresa llegó al asombro al observar que la liebre acosada, al abocar otra vez al barbecho, frenó súbitamente (como suelen hacerlo los animalillos de Walt Disney en las cintas de dibujos) de tal modo que la galga alocada pasó sobre ella sin tocarla. La rabona, aprovechando el momentáneo desconcierto de la perra, volvió grupas y regresó nuevamente por el borde del arroyo hacia mi hermano, quien advertido ya de la originalidad de aquel animal empeñado en suicidarse, se había apartado de la vereda y, oculto en los carrizos, pudo foguear tranquilamente y revolcarla.

El hecho insólito de que una pieza de caza brinde a la escopeta tres oportunidades consecutivas de tomarle los puntos espoleó las bromas y comentarios durante el viaje de regreso. Y aun no es aventurado predecir —dada la propensión del gremio cinegético a establecer jalones y referencias— que en el futuro, cuando una pieza fácil se nos vaya a criar, nos consolaremos diciendo: «Peor fue la liebre de Manolo en Santa María».

Los nervios y el perdigón
(23 enero 1972)

Cobrar cinco perdices entre tres escopetas en las anchas vaguadas de Villafuerte a estas alturas y con el cierzo que soplaba esta mañana no es, desde luego, ninguna niñería. Y el caso es que, al iniciar la jornada, el día se ofrecía prometedor con tiempo calmo, un dedo de escarcha en los sembrados y un solillo que iba adquiriendo entidad a medida que se alzaba sobre el horizonte. Tanto fue así que, de entrada, nos lanzamos a la aventura en chaleco, pero apenas nos habíamos alejado un kilómetro del coche, empezó a moverse una brisa muy fina que al cuarto de hora degeneraba, como esta temporada parece ser de ley, en un viento congelador.

Deliberadamente hicimos esta mañana una jornada de castigo, andando mucho y a buen tren, ya que la semana ha sido tensa y crispada, de graves preocupaciones de todo orden, y es cosa sabida que nada como mortificar el cuerpo para serenar el espíritu. Pocas veces he necesitado este esparcimiento como hoy, simplemente como medida terapéutica, puesto que antes de salir ya barruntaba yo que cazaría poco.

—¿Y en qué lo notaba usted, oiga?

Bueno, yo creo que el buen cazador sabe de esto. El «conócete a ti mismo», de Sócrates, tiene en el venador una aplicación rigurosa. Y yo, en este aspecto al menos, creo conocerme. La caza requiere dos disposiciones personales: física y psíquica. Y una ambiental: clima. Y ninguna de las tres era para mí la adecuada esta mañana. ¿Que en qué conozco mi mala disposición psíquica? Muy sencillo, en una suerte de nerviosidad, de ansiedad opresiva que fatalmente se traduce en una respiración corta y apremiada. Lo primero que, a mi juicio, requiere el cazador para poder confiar en sí mismo es una respiración acompasada y profunda. Eso que vulgarmente se llama «respirar a pleno pulmón» constituye en este ejercicio una garantía. Y cuando esto, por una razón o por otra, no se da, la escopeta termina por convertirse en un trasto tan inofensivo como un paraguas. Sólo así cabe explicarse que del par de perdices que me arrancó de las pajas de una lindera (pese al frío hoy hemos tropezado con varias perdices apareadas) ofreciéndome en bandeja la posibilidad de un doblete, la segunda se me fuese con viento fresco. Y otro tanto cabe decir de las tres patirrojas remitidas por mi hermano Manolo y a las que vi atravesar ante mis narices con la misma indiferencia que si yo fuera una enfermera de la Cruz Roja; ni me armé, ni disparé. Los nervios ofrecen en mí dos manifestaciones contrapuestas: o me inhibo o me precipito; no reacciono o lo hago extemporáneamente. Para contrarrestar estas situaciones, mejor aun que las píldoras, son el aire puro y el ejercicio. Por eso hoy, después de una mañana de esfuerzo ininterrumpido, verdaderamente arduo, mis nervios se calmaron y mi espíritu se serenó, hasta tal punto que si la jornada hubiera comenzado en el momento en que terminó es más que probable que las cosas hubieran rodado de otra manera

No oculto que entre los motivos que me soliviantaron la semana que hoy termina está el anuncio de la apertura de la temporada (mes y medio) de caza de perdiz con reclamo por parte de los servicios correspondientes. En contra de esta tolerancia —inexplicable para con una especie tan amenazada en ciertas zonas como la perdiz roja— he sacrificado mucho tiempo, mucha tinta y muchas energías. Pero mis voces de advertencia, cinegéticamente apocalípticas, no han servido de nada. O sea, ya tenemos legalizada la caza con perdigón en España y convocada a bombo y platillo la primera temporada en Valladolid, con las limitaciones teóricas de tres perdices por barba y una distancia de mil metros entre tollo y tollo (y, por supuesto, únicamente en los acotados). Mas la pregunta sale de ojo: ¿Ignora alguien que los acotados son ya en la península bastantes más terrenos que los

69

libres y que no tardando, si Dios no lo remedia, podrán afectar a todo el país? Ítem más: la ley prohíbe colocar la jaula a menos de quinientos metros de la linde cinegética más próxima, pero argumentamos: ¿es esto suficiente? ¿Está seguro el legislador que un macho decidor —la caza con la hembra está proscrita— con viento favorable, no domina al menos un radio doble que el autorizado? Pues, si esto es notorio, pronto veremos a los propietarios o accionistas de acotados robándose mutuamente las perdices y lo que aún es peor atrayendo con la labia persuasiva de los machos enjaulados la media docena que heroicamente pervive en las zonas libres.

Y esto no es todo. ¿Qué decir de la ausencia de control? Recuerdo que una de las infinitas veces que yo alcé la voz contra el peligro que representaba legalizar el perdigón en una sociedad incivil y maleducada como la nuestra, alguien —algún iluso— replicó que cabía la posibilidad de establecer turnos y montar un servicio de vigilancia cerca de los jauleros. Ahora, al llevar a la práctica la teoría, observaremos que yo tenía razón, que todos esos hermosos proyectos no eran más que una utopía y un imposible. ¿De dónde sacar la guardería para este menester? Las escopetas, como presumíamos, saldrán solas al campo sin otra prohibición que la de erigir el tollo a más de mil metros de donde lo levante el vecino. Y si reflexionamos sobre hechos comprobados (no sobre suposiciones) y nos consta que los cangrejeros que pueden atrapar veinte docenas de cangrejos no se detienen en las diez autorizadas, ni hay apenas truchero que en un día afortunado se atenga al cupo legal, ni un cinco por ciento de cazadores que respeten una rabona que les salta de entre las calzas en la temporada de codorniz, ¿por qué regla de tres vamos a confiar en que los jauleros se comporten de distinta manera? ¿Qué argumentos avalan que la patirroja ante el reclamo vaya a recibir un trato de favor? ¿Quién diablos va a levantar el tollo y volverse a casa una vez cobradas las tres perdices autorizadas? Me gustaría que las cosas no fueran así, pero si lo son (y no veo razón convincente para que en lo sucesivo vayan a ser de otra manera), ¿qué va a suceder en los pagos de la mitad norte de la península? ¿Es que para complacer a dos docenas de ilustres inválidos vamos a sacrificar los intereses de cientos de millares de escopetas? Ciertamente no me cansaré de clamar contra esta concesión disparatada, aunque reconozca, y esto es aparte, que la caza de perdiz con reclamo brinda no pocos alicientes. Pero si aspiramos a que este pájaro no sucumba en grandes extensiones de nuestra geografía (los cotos bien precintados y vigilados de Toledo, Albacete y Ciudad Real constituyen rancho aparte), prohibamos esta modalidad de caza que, en poco tiempo, va a reducir a la mitad el ya escaso censo de patirrojas que aún albergan nuestros campos.

Las Gordillas
(27 enero 1972)

He pasado unas horas en la finca de Las Gordillas, en la provincia de Ávila, bajo un sol tonificante y una brisa tibia, heraldo, si no me equivoco, de próximas lluvias. Ya veremos lo que pasa.

La partición de este cazadero —que tomé con mis amigos del Club Alcyon hace unos años, pensando sobre todo en el aguardo de torcaces— ha sido, a mi entender, deplorable. Esta finca constituía una unidad cinegética, recogida, con zonas bien diversificadas y concretas, que uno había llegado a dominar

71

a fuerza de piernas. Ahora, al dividirla, se ha quebrado la continuidad de tal modo que la evolución normal de una mano de tres o cuatro escopetas se hace problemática (por ejemplo, hay terreno para ir pero no para volver). Para mayor decepción, el sector con que nos hemos quedado es el sur, cuando el que yo acostumbraba a cazar era el norte, pegujales que llegué a conocer con tal precisión que más o menos sabía adónde dirigirme si lo que necesitaba era una liebre o un par de conejos. Ayer, en la zona sur, me encontré desorientado (por otra parte es la primera vez que asomo por aquí esta temporada) y a pesar de haber pateado aplicadamente siembras y carrascales no conseguí más que una liebre y un gazapo. La rabona en un mato perdido, orilla una escorrentía, se incorporó tan perezosamente que antes de coger carrera ladera arriba ya la había derribado. El gazapo, más remiso aún, aguantó encamado en una cárcava y hube de detenerme y chistar tres veces para que el indino se arrancase. Como de costumbre, de tres años a esta parte, no vi perdices.

Las últimas temporadas he pasado muy buenos ratos yo solo en este cazadero, cazadero ideal para una escopeta solitaria, ya que perdices prácticamente no hay, pero, en cambio, el terreno es pródigo en especies muy variadas: becacinas, azulones, avefrías, torcaces, tórtolas, sin contar liebres y conejos relativamente abundantes. También es hermosa la traza topográfica de la heredad, dividida en dos por el río Voltoya, con dos cervigueras enfrentadas no demasiado densas, que permiten foguear sobre el gazapate que se arranca. En el vallejo, se alternan prados y junqueras que, debido a la vecindad de un arroyo sin lecho, se inundan en cuanto caen cuatro gotas, ordinariamente a partir de octubre en un año normal. En estos marjales solían instalarse unas docenas de becacinas que aliviaban la situación los años que las carrascas no daban para otra cosa. Y si las lluvias eran copiosas o insistentes se formaban allí unos lucios de medio metro de profundidad donde, de ciento en viento, fondeaba algún pato fino. Recuerdo que en el invierno del 70 logré en uno de ellos un doblete de azulones en un pim-pam reposado y sencillo puesto que la pareja saltó a treinta metros, primero la hembra —¡pim!— y detrás el macho —¡pam!—. El problema fue la cobra, pues aunque calzaba botas de agua, las cañas apenas me cubrían las corvas por lo que opté por descalzarme, quitarme los pantalones y vadear el lavajo, con cristales de hielo en los bordes, en calzoncillos.

En el marjal, al abrigaño de brozas y espadañas, solía encamar la liebre los días de helada fuerte. No preciso forzar la memoria para recordar seis o siete rabonas abatidas ahí, chapoteando en los charcos o patinando literalmente en el hielo. Pero puestos a evocar lances lebreros en este coto, me quedo con la curiosa demostración que me hizo una tarde Santiago, el de Práxedes, en el encinar que rodea su casa, derribando una liebre a la carrera de un bastonazo. Este tipo de hazañas figura normalmente en el repertorio de todos los zagales del país, pero yo nunca lo había presenciado. Santiago, el de Práxedes, me brindó aquel día una operación aséptica y sorprendente. La liebre se le arrancó a diez metros y antes de que caminara otros diez, la cayada de Santiago, describiendo molinetes a ras de tierra, la alcanzó en los cuartos traseros y la derribó. Y todavía lanzó esa tarde un segundo garrotazo a otra que se desperezó un poco larga y, aunque la acertó en las posaderas, la cachava no llevaba ya fuerza para pararla. La maestría de Santiago, el de Práxedes, aventó para siempre mi escepticismo respecto a estos empeños.

73

Mientras echaba un cacho esta mañana en la raya entre las dos Gordillas recordaba éstas y otras andanzas. Ahora habré de familiarizarme con la Gordilla que nos queda, puesto que todo cazadero tiene su encanto secreto que hay que descubrir poco a poco. Personalmente contados cazaderos me conquistan el primer día. Mas, a medida que los frecuento, mi concepción inicial se va modificando para bien. Con los cazaderos sucede como con las ciudades. La ciudad desconocida nos suele resultar ingrata cuando no hostil. La conquista, el descubrimiento de sus rincones atrayentes y sus habitantes solidarios, suele ser una labor lenta, en líneas generales progresiva aunque con pasajeros retrocesos. Con los cazaderos me ocurre igual No me son gratos mientras no me dicen nada. Pero llega un momento en que, de una manera insensible, los recuerdos me van encadenando a ellos hasta pasar a ser algo habitual y consuetudinario. Y el día que hemos poblado aquellas carrascas y aquellos labrantíos de vivencias personales (aquí marré un zorro a huevo; en el borde de esa siembra aculé una rabona a setenta metros; junto a aquella encina conseguí una mañana un doblete de conejo y torcaz) pasan a formar parte entrañable de nosotros mismos y nos cuesta Dios y ayuda abandonarlos. Confiemos en que el sector sur de Las Gordillas no sea una excepción.

Fin de temporada
(6 febrero 1972)

La becada no faltó a la cita del último día de la temporada, lo que representó un consuelo en esta jornada de despedida forzosamente sombría y añorante, ya que el cazador, por bueno que sea el año, es un ser que nunca se da por satisfecho. Ya por la mañana, camino de Santa María, advertimos que las avefrías habían llegado del norte de Europa en cantidades industriales. Se conoce que las lluvias de aquí abajo han sido nieves arriba con lo que los pagos vallisoletanos y palentinos —Cabezón, Aguilarejo, Dueñas, Venta de Baños— presentaban una auténtica invasión de aguanieves. Hablar de centenares sería seguramente dar una impresión equívoca; eran bandos de millares de individuos que, con sus gráciles siluetas y su plumaje irisado, imprimían a nuestros campos pardos, ordinariamente solitarios y sumidos en el letargo invernal, una vivacidad desacostumbrada.

Desde hace años tengo para mí que las avefrías y las becadas obedecen, en sus devaneos migratorios, a un mismo calendario. Las rarísimas temporadas que hemos abatido una becada en el mes de noviembre, las avefrías ya estaban aquí. Y a la inversa. Esta temporada que las avefrías han demorado la entrada, no hemos visto una chocha perdiz hasta esta mañana. La coincidencia es comprensible: tanto la quincineta como la sorda se nutren de la tierra (jugos, larvas, lombrices) y parece natural que cuando los campos se revisten de nieve en el norte, ambas especies se desplacen a las tierras desnudas, húmedas y mollares del Mediterráneo para subsistir. Una vez más, becadas y avefrías coincidieron en Castilla y la irrupción impensada de la chocha esta mañana alivió un poco la amargura que comporta inevitablemente el desenlace de la temporada.

Y el caso es que tropezar con la chocha fue una verdadera casualidad, ya que el cazadero de Santa María es un bravo cazadero de perdices, de arduas laderas y estirados navazos, donde apenas amuebla los perdidos una rala vegetación esteparia y ya es sabido que la sorda gusta de aposentarse cabe árboles o matas de cierta frondosidad. Pero mientras Manolo buscaba un nuevo acceso al camino para evitar que el coche se atollase, mi hijo Juan propuso manear el soto del Arlanza por ver si despabilábamos a algún azulón. Azulones no había, pero cuando Juan y yo iniciábamos el regreso, irrumpió de improviso una chocha (volada por mi yerno en unos mimbrerales según supimos luego) y el animal, al divisarnos, fintó a nuestra derecha tratando de profundizar en el soto, momento que nosotros aprovechamos para foguearla sin éxito. Menos mal que a mí me quedaba el izquierdo y, un poco más repuesto de la sorpresa, acerté a cortarla. La cobra, en un río cenagoso y turbulento a causa del temporal de la última semana, constituyó un número cómico acuático de esos que enriquecen el anecdotario cinegético.

Después, la jornada, como nos temíamos, resultó pasada por agua. A poco de empezar, un chubascazo implacable nos puso a remojo. Menos mal que una prolongada escampada posterior nos secó la ropa empapada sobre los huesos.

Como era de esperar en estas circunstancias, apenas movimos perdices, siquiera yo, en un día afortunado, derribé una antes del aguacero y tres después, una de ellas luego de hacer una torre exageradamente distante (¿500 metros?), con un cerro interpuesto que me impidió localizar con exactitud el pelotazo. Sin embargo, en estos casos, lo he dicho siempre, para cobrar el pájaro no hay más que tomar bien la referencia, la vertical donde el ave se desploma, dando de lado si la distancia es de cien o de ochocientos metros. Esta mañana yo, después de coronar el teso, me encaminé pausadamente hacia la línea donde había visto doblar a la perdiz y cinco minutos más tarde la cobraba en la siembra, a no más de cuatro palmos del pasillo que recorría.

A la una y media se ensombreció de nuevo el horizonte y ante la perspectiva de otra mojadura lo dejamos para la temporada que viene. Comimos en el refugio, al amor de la gloria, que, al tiempo que nos desentumecía, avivaba nuestras nostalgias. Entre trago y trago, hicimos balance general: la temporada 1971-72 nos ha deparado 323 piezas, salvo error u omisión, distribuidas así: 169 perdices, 71 conejos, 60 liebres, 19 torcaces, 2 codornices, un azulón y una becada. Considerando que la cuadrilla es de tres o cuatro (seis en conjunto aunque nunca nos reunimos todos) el botín viene a resultar de 3,75 piezas por escopeta y día, cifra irrisoria para los habituales de la batidas de campanillas pero bastante satisfactoria para el esforzado cazador a rabo.

Después de esta experiencia, puedo vaticinar (si la autorización del reclamo no da al traste con mis pronósticos) que la perdiz irá en aumento en los mimados cotos del sur, decrecerá paulatinamente (en virtud de la mecanización, la concentración parcelaria y otros factores) en los de la Meseta norte, se irá extinguiendo (si no se pone remedio) en los cada día más escasos terrenos libres y desaparecerá totalmente en los regadíos, acotados o no. Por contra, la población conejuna (los 71 cobrados por la cuadrilla este año alimentan mi esperanza) seguirá reconstruyéndose y espero que, en poco tiempo, vuelvan a ser la alegría de nuestros carrascales.

En fin, a enfundar y ¡hasta agosto si Dios nos da vida!

La codorniz
(27 agosto 1972)

La temporada de codorniz se abrió este año tarde y en un clima enrarecido debido a la profusión de cotos privados que en algunas zonas, verbigracia Valladolid, alcanza ya el 70 u 80 por 100 de los términos municipales. Esto ha provocado entre los cazadores urbanos no ya decepción, sino una indignación acre y justificada, puesto que a este paso, en el plazo de unos meses, no les va a quedar una triste hectárea libre donde dar gusto al dedo.

Tal situación explica que esta mañana, en los contados lugares no entablillados aún, la concentración de automóviles fuese pareja a la que ofrece a las siete de la tarde la Plaza de la Cibeles. Cerca de Pampliega, de paso para Santa María del Campo, yo conté esta mañana, en el puente sobre el arroyo Cogollos, cuarenta y cuatro vehículos. No es preciso ser muy imaginativo para figurarse lo que habrá sido la alborada en esa zona, enquistada entre tres cotos, más bien reducida y con más de doscientas escopetas ávidas de botín. Por más que tampoco diferirá mucho de lo que haya ocurrido en otros sitios, incluso acotados, ya que la codorniz, de unos años a esta parte, tiene, como se dice ahora, un gran poder de convocatoria. Esto demuestra no que la afición a la caza aumente, sino que hoy, al cazador y al pescador advenedizos, les place lo fácil, o, para ser más concluyentes, que cazadores y pescadores auténticos, pese a las apariencias, sigue habiendo pocos en el país.

Mas a los cazadores que llevamos en la sangre la afición nos ha salido un grano con la irrupción alborotada de primerizos que las más de las veces ni saben de qué va aquello. Y como la caza de este pajarito constituye un ejercicio moderado, que no obliga a soportar inclemencias y, por añadidura, el éxito del disparo —de algún disparo— está garantizado, ya tenemos el campo invadido, literalmente ocupado, el día de la iniciación. Hoy día la codorniz, en la jornada de apertura, despierta un hervor multitudinario que hasta el momento sólo lo provocaba el fútbol, por señalar un competidor caracterizado. Y con las avalanchas llegan los accidentes, de perdigón y de carretera, cosa que nuestros padres, hechos a la soledad del rastrojo de hace ocho lustros, difícilmente hubieran podido imaginar.

Para remate, este año la apertura se produjo en unos días bonancibles, suavísimos, que invitaban al paseo, lo que quiere decir que las circunstancias arriba apuntadas se vieron, encima, favorecidas por el clima. En estas condiciones desembarcamos en Santa María a las ocho y media de la mañana, tras dos horas de viaje, cuando ya algunos de nuestros competidores habían colgado una docena de pájaros. Y como disponíamos de dos perros, Juan y Miguel subieron con el *Choc* a los rastrojos de la ladera, mientras Manolo y yo, con la *Dina*, registrábamos el arroyo de los bajos. Una mano de cuatro escopetas para la codorniz, salvo en los crepúsculos y en pajonales espesos, no es recomendable. Cazador y can mano a mano, o dos cazadores, separados por el arroyo, es lo mandado en la caza de esta gallinácea.

—Bien, ¿pero vieron ustedes codornices o no las vieron?

A eso voy, tenga usted paciencia. La verdad es que encontré el campo muy desigual, mucho más desigual que en las seis últimas temporadas. O sea, si a mí me hubiesen preguntado si había codornices a las 10 de la mañana, tras hora y media de paseo, hubiese respondido sin vacilar que muchas. Si la pregunta, en cambio, me la hubieran formulado a mediodía, sin otra experiencia que las dos horas inmediatamente anteriores, hubiera respondido que regular. Finalmente, si la pregunta me la lanzan a las siete de la tarde omitiendo la experiencia de la mañana, hubiese contestado que prácticamente ninguna, que en la vida había pateado unos rastrojos más sosos y con menos provecho. En relación con esto, como es lógico, marchó la percha. En los noventa minutos iniciales, mi hermano y yo cobramos docena y media de pájaros, una en las dos horas siguientes y media en las tres de después de comer, con la agravante, en este caso, de que no vimos ninguno más. Como quiera que los chicos, por su parte, derribaron alrededor de otras tres docenas, la percha final fue de 68 codornices, aparte, naturalmente, las no cobradas.

Esto no quiere decir que Manolo y yo no hubiéramos podido forzar la cifra antes de las diez de la mañana. Pero ocurrió, que apenas llevábamos registrados doscientos metros de regato cuando apareció otra cuadrilla en dirección contraria a la nuestra. Ignoro si el cazador que me lea compartirá mi punto de vista, pero para mí las únicas dificultades en la caza de la codorniz son los nervios —que impiden reportarse— y el viento. Y los nervios me los desataron las tres escopetas de enfrente disparando a diestro y siniestro, azuzando a los perros, comiéndonos un terreno que, naturalmente, era de todos pero que yo había prejuzgado mío al apearnos del coche.

A partir de ese momento, Manolo y yo, como puestos de acuerdo, fallamos seis codornices a placer. De espaldas ya a nuestros inoportunos colegas y más sosegados, logré derribar cinco sin fallo, pero entonces empezó la *Dina* con los suyos y, una tras otra, me las fue perdiendo todas entre la broza. Hago gracia al lector del vocabulario que me inspiró mi desesperación, desesperación acrecentada por el hecho de que la *Dina* fue, desde siempre, una excelente perra codornicera. Pero los años no pasan en balde y este animal valetudinario, sordo y medio ciego —una codorniz alicortada le saltó por dos veces ante los hocicos sin que ella se percatara— no fue capaz de hallarlas entre la espesura, ciertamente muy intrincada, del arroyo.

Fuera de esto, la jornada nos deparó otra sorpresa: la concentración de codornices que encontramos a mediodía en las hazas de los altos. Dada la época, esto no es raro ya que a finales de agosto es lógico que la codorniz estuviera disponiendo el regreso del veraneo. Lo verdaderamente insólito es que se estacionaran en los terrenos más pelados del término y que volaran en grupos de seis en seis, cuando no de diez en diez, a cuarenta metros de la nariz de la perra, sin darle tiempo a la muestra. Tan extraño comportamiento, más propio de perdices, desconcertó al can y nos desconcertó a nosotros, máxime cuando los vuelos de los bandos eran larguísimos, imposibles de seguir con la vista. Su recelo dio al traste con la mejor oportunidad del día, un día, como ya dejé dicho, disparejo, donde el que acertó con el corro volvió a casa con un buen ramo y el que no, regresó con lo puesto. Esto que no es infrecuente en la caza de esta avecilla, se acentuó este año no sólo por la demora de la apertura, sino por la ausencia de sol y las noches frescas que hemos padecido a lo largo de este mes de agosto, lo que seguramente ha anticipado la emigración o, al menos, las concentraciones preparatorias.

Un *Choc* desconocido
(28 agosto 1972)

A la hora de comer acordamos volver a las junqueras de Santa María, donde Manolo y yo perdimos ayer cinco codornices y, por lo menos, otras tantas se nos fueron a criar. De modo que Miguel y yo con los dos peques (mi hijo Adolfo y mi sobrino Manolo que hacían sus primeras armas) nos arrimamos al arroyo donde iniciamos ayer el cacerío acompañados por el *Choc*, ya que la *Dina* no está ya para cazar dos jornadas consecutivas. Por contra, el *Choc*, fuerte y sobrado, con una nariz prodigiosa, dio con tres de las codornices extraviadas la víspera, y se comportó en todo momento con una mesura y un control impropios de su juventud. Dócil y obediente rastreó masiegas y espadañas a conciencia, haciendo muestras altivas y a distancia. Encandilado con la actuación del perro recordaba yo a los cazadores de cosechadora que habíamos topado en el camino. ¿Es un cazador el que se arrima a una cosechadora para ver lo que sale? Yo pienso que no y, sin embargo, ayer y hoy infinidad de escopeteros se pasaron la jornada a la vera de uno de estos artefactos, tenebroso sucedáneo del can. Y yo sigo preguntándome: ¿Puede una cosechadora desempeñar en la caza las veces de un perro? Seamos sinceros: para los que sólo esperan ver volar un pájaro para coserle de una perdigonada tal vez la cosechadora sirva, pero para un cazador auténtico la suplantación es un fraude inadmisible. La razón es simple: la caza de la codorniz, su emoción, en un noventa por ciento, es el perro. No el número de pájaros que se levantan ni los que se cuelgan, sino el perro, la asistencia del perro, sus intuiciones, sus piques, sus miradas, sus periódicos retornos al rastro primitivo, sus posturas... En una palabra, sin perro no es concebible la caza de la codorniz. Por eso hoy disfruté con el *Choc*. Sólo en el campo, sin otros perros y otras cuadrillas que distrajeran su atención, el animal se concentró en su labor y dio una soberana lección de lo que es cazar. Y si alguna vez la presencia de una codorniz acostada le sorprendió, inmovilizándole en el acto, lo normal es que las indicara a veinticinco o treinta metros de distancia, afirmando sus muestras a medida que se aproximaba, volviendo la cabeza para comprobar si le seguíamos, para terminar su rastreo con una postura de libro: la gran cabeza humillada, levemente vuelta; los ojos inmóviles, inyectados; la mano derecha en alto; el lomo, horizontal, ligeramente arqueado y el muñón del rabo erecto, vibrátil, confirmando la certidumbre de la muestra. Así una vez tras otra, caliente pero sumiso, impaciente pero sin alargarse. Y una vez tras otra, sin un fallo, dio con la codorniz, pese a los intentos de varias por escabullirse apeonando entre la maleza. Estos pájaros que se corren, desconciertan a muchos perros —a la *Dina* sin ir más lejos— pero tales tretas no valen de nada con el *Choc* cuando, como esta tarde, está en vena. El *Choc* aguanta mucho, pero si a su embestida inicial la codorniz no levanta, él no se desconcierta ni se desmoraliza, vuelve a la referencia primitiva, olfatea, retorna al rastro perdido y, una vez recuperado, la codorniz, así haya interpuesto veinte o treinta metros, acaba por alzar el vuelo. Con la codorniz son necesarios perros tesoneros, que no renuncien.

El par de horas sosegadas y expectantes de esta tarde constituyeron la compensación de la nerviosa jornada de ayer. Y aún no viendo muchas codornices —no rebasarían las dos docenas— y colgando docena y media, pasamos un rato estupendo, incluso con oportunidades de aleccionar prácticamente a los pequeños. La seguridad del *Choc* y la serenidad del tiempo, nos permitieron darles prioridad en el disparo con la oportunidad de enmendar nosotros sus yerros. Adolfo cobró así su primera pieza, circunstancia solemne en la familia que preludia el nacimiento de un nuevo cazador.

La empacadora
(2 septiembre 1972)

Cazamos los retales de cereal de Escuderos, en la otra ribera del Arlanza, y verificamos una realidad decepcionante: las cosechadoras siegan las cañas por el pie y entre esto y el subsiguiente empacamiento de la paja, los rastrojos quedan tan desguarnecidos como un camino vecinal. En estas condiciones no puede haber codorniz que aguante. Fuera de linderos y arroyos no hay cobijo para ellas. Y ¿qué puede hacer el cazador cuando esas lindes y regatos han sido recorridos día tras día, durante una semana, por otros cazadores y otros perros? Nada, resignarse. Y así, resignadamente, caminamos Manolo y yo por lindazos y arroyos, con un *Choc* desesperanzado y nervioso, durante tres horas interminables. Total para nada: cinco pájaros, uno cada cuarenta minutos. Del otro lado de la carretera de Lerma, a mis hijos, con la vieja *Dina*, les ocurría lo mismo. La adversidad y la canícula terminaron con la paciencia de mi hermano Manolo que a mediodía proclamó a voces que no daba más, se sacó la camisa sudada y regresó a la pobeda donde habíamos dejado el coche. Yo, aún apuré otra hora y media. Bajé al perro hasta el Arlanza a refrescar y, al cabo de un rato reanudé la caminata, pero aleccionado por el fracaso de las primeras horas, dediqué mi atención a inspeccionar el terreno y, desdeñando pajas y junqueras, tropecé con un retazo de cebada pinada no mayor de cien metros en cuadro, con más cardos que espigas y la mayor parte de éstas sin granar. Se trataba evidentemente de un perdido, una siembra abandonada y, sin dudarlo un momento, metí el perro allí. Aquello fue Jauja. En apenas veinte minutos, el *Choc* levantó once codornices, de las cuales me hice con diez. Eran aves grandes, viejas, reacias al vuelo, que trataron de esquivarme regateando entre las espigas, pero con un poco de insistencia, andando sobre lo andado, acabé por levantarlas. El *Choc*, deslumbrado por tan inesperada abundancia, perdió un tanto el control. Posiblemente en tan breve terreno los rastros se cruzaban y esto le desorientó. Pero mal que bien —con muestras precisas o simples esbozos— fue volando pájaros y yo abatiéndolos como era mi deber.

A última hora, el animal me hizo una faena fea: se tragó una codorniz como quien se traga una píldora, sin masticarla, con plumas y todo. Este es un defecto muy extendido entre los canes nuevos y hambrones que con frecuencia se corrige solo, aunque otras veces degenera en vicio y es muy difícil de cortar. En esta ocasión, yo no utilicé con el *Choc* los remedios recomendados —el bocado de tierra o de sal— sino que me limité a propinarle cuatro puntapiés en el trasero, en la esperanza —tratándose como se trata de un perro afectivo y sensible— de que fuera suficiente.

A la tarde, tras reposar detenidamente la comida en el soto, subimos a las siembras de Santa María, a la vista del pueblo. Allí ha ocurrido igual que en todas partes pero con carácter más acusado. Las pacas de paja yacían en medio de unos rastrojos lampiños y desamparados que no dieron pájaro. Mal asunto este del empacamiento. La paja vale y la costumbre se extiende de tal modo que lo que el año pasado afectaba a un 30 % de las siembras se ha ampliado éste casi a la totalidad. Si la cosa continúa así, la caza de la codorniz quedará reducida a un solo día, dos como máximo: el primero que registre junqueras y malezas se llevará un buen ramo y el que venga detrás que arree.

Nuevo coto
(8 octubre 1972)

Con la temporada, estrenamos coto: Torre de Peñafiel, un rinconcito de 860 hectáreas entre los términos de Rábano, Laguna y Canalejas, lugar adusto, con laderones muy pinos, desnudos en su mayor parte y un piso de greda y guijo que hace arriesgada la andadura. Arriba está el páramo, muy abierto, sembrado de cereal y para tirar las perdices hay que echarlas antes abajo, a las cuestas, o, al menos, empujarlas a las cinchas de espinos y tomillos que ciñen los tesos de la parte de Canalejas (en esta zona existe una falla profunda, cortada en precipicio y en cuyo fondo se alza un sorprendente bosque de olmos, arces y robles, lugar ideal para aguardar en el estío a la torcaz y la palomilla).

Este verano, tras muchos cabildeos entre la cuadrilla, llegamos a la conclusión de que sin comer podemos vivir pero no sin cazar y, en vista del cariz —mal cariz— que tomaban los acontecimientos, determinamos meter un pliego en la subasta del Coto de Torre y nos quedamos con él. La topografía de la zona es muy perdicera (del mismo corte que la del Valle del Esgueva) pero la reserva está por hacer, esto es, no da la caza que podría dar, seguramente porque estos pagos han sufrido un duro castigo en los últimos años. Un dato lo confirmará: ayer, pateando el campo cinco escopetas de nueve de la mañana a dos y media de la tarde, no vimos una sola liebre. Esta prueba es para mí decisiva a la hora de determinar el grado de protección de un cazadero. El hecho de no levantar una rabona, dada la facilidad con que este animal se reproduce, revela que allí se le ha perseguido sañudamente, a sangre y fuego, en invierno y en verano, con galgos, escopetas, lazos y vehículos. De otro modo no tendría explicación este total arrasamiento ya que, incluso en los contados terrenos libres que quedan en la provincia, me juego doble contra sencillo a que cinco escopetas el día de la apertura, levantan, como mínimo, un par de liebres. Que lo hagan a tiro o fuera de tiro ya es otro cantar que depende, muchas veces, de factores imprevisibles. Entonces, como el término lo hemos tomado por seis años, habrá que empezar por *hacer* el cazadero, aspiración muy plausible pero que tiene sus inconvenientes, primero porque esto de los acotados resulta impopular (siete días después de colocar las tablillas ya nos habían arrancado una docena) y segundo, porque la pretensión de mantener un coto sin guardería es una pretensión ilusoria dado el bajísimo nivel cívico del país.

Hemos topado, sin embargo, con dos buenos amigos allí, Diógenes y Antonio, con quienes gestionamos el acotado, y como ellos tienen además derecho a la caza del término colindante de Rábano, trataremos de llegar a un acuerdo para tomar un guarda común. Entre unas cosas y otras, sin ser caro el coto en sí, el presupuesto se pone en un pico. Además como la nueva ley ha dado a los campesinos la sartén por el mango, resulta que entre las cláusulas que hemos aceptado, figura la de que los cazadores del pueblo y los galgueros tendrán acceso a él, por supuesto sin desembolsar una peseta.

Otro problema es la disposición de los cotos de Rábano y Torre de Peñafiel, cinegéticamente absurda, ya que el páramo de Torre desemboca en la ladera de Rábano y si los de Rábano no pueden sacar las perdices de nuestros altos, su mano por la ladera resultará estéril, mientras que nosotros difícilmente podremos meter mano a las perdices del páramo sin matadero adonde llevarlas. La solución —y a ella tendemos— sería fundir a efectos cinegéticos uno y otro coto, limitando los días de caza para los de fuera y dejando en libertad (por descontado sin abonar una gorda) a los indígenas de uno y otro pueblo. Ya veremos qué sale de todo esto.

Ayer, para empezar, desconociendo el terreno y las querencias, no hicimos otra cosa que dar palos de ciego. A las perdices de Torre, que no parecen excesivas, hay que estudiarlas, como hay que estudiar la topografía para decidir la mejor manera de trastearlas hasta conducirlas a un terreno propicio para su dispersión y fogueo. Yo sospecho que ayer lo hicimos mal y para acabar de arreglarlo, los *tres cazadores* del pueblo que nos habían anunciado se convirtieron en treinta (muy posiblemente se nos colaron cuadrillas furtivas, pero sin guarda y sin conocer todavía al personal, ¿qué podíamos hacer?) de manera que en ochocientas hectáreas no podíamos ni rebullirnos. Y el caso es que para mí la cosa no empezó mal, ya que apenas llevaba caminando un cuarto de hora cuando eché abajo un sisón que me arrancó en un barbecho. El tonto se había dormido y voló hacia atrás a no más de veinte metros, tan cerca que. me llené el ojo de plumas y, aunque lo toqué, marré el primer disparo para derribarlo del segundo. Hacía lo menos doce años que no tumbaba un sisón. Los últimos, si la memoria no me falla, en doblete, en los páramos de Villafuerte de Esgueva. Desde aquel día no he dejado de verlos, tanto en Villa Esther, orilla de Toro, como en Villanueva de Duero, pero es pájaro gregario éste, sumamente suspicaz, y meterle mano cuando divaga en bando es tarea peliaguda. Y hablando de sisones, recuerdo la concentración fabulosa que sorprendimos una tarde —¿hará quince años?— en los campos que circundan el Monte Morejón, en Riego del Camino (Zamora). ¿Cuántas aves habría allí? Con seguridad, decenas de millares. Aquello era como una pedriza donde en lugar de cantos hubiera sisones. La tentación fue tan fuerte que, conociendo su escama, armamos una escopeta y nos metimos en medio del bando con el coche. Pues se crea o no se crea, mi amigo Antonio Merino, tirador excelente, no acertó a derribar ninguno. El alarmado siseo de su puesta en marcha, el hecho de que le arrancaran a un palmo de sus narices y en tamaña cantidad, unido a la angostura de la ventanilla, le atarantaron y Antonio —asombrado él mismo y echando pestes por la boca— se quedó sin cortar pluma.

Lo antedicho explica que inaugurar la temporada 1972-73 con ave de tanto bulto y tan desacostumbrada, me proporcionara una gran satisfacción, satisfacción que acreció cuando, minutos más tarde, en los morros que encaran Canalejas, colgué un par de perdices, la una levantada por mí y la otra, de pico, revolada por mi hijo Juan, en un tiro precipitado, nada fácil.

O sea, a los tres cuartos de hora de iniciar el curso cinegético, yo había logrado tres piezas de tres intentos. ¿Qué pudo suceder luego para que tras más de cuatro horas de patear laderas y perdidos mi morral no aumentara? De todo un poco: la cuadrilla de galgueros que abusivamente nos cruzó la mano, la pareja de escopetas que irrumpió de la derecha y nos comió el terreno, mis propios errores en las tres nuevas oportunidades que se presentaron y, finalmente, yo atribuiría su parte de culpa al calor excesivo, pegajoso, que me provocó un derrumbamiento prematuro, cosa que está lejos de sucederme los días de helada. Pero, ante todo, fue la presencia de otros cazadores lo que nos forzó a volver sobre nuestros pasos, quebrar el sistema inicial e improvisar sobre la marcha, a conciencia de que no arrastrábamos pájaros y por lugares —cuestas sin resguardos— donde difícilmente podíamos encontrarlos. Únicamente el acierto de mis compañeros —que aprovecharon la media docena de tiros que disparó cada uno— nos libró del desastre, ya que, en definitiva, se cobraron catorce perdices: cinco mi hijo Miguel, tres mi yerno Luis, y dos por barba mi hijo Juan, mi hermano Manolo y el que estas líneas suscribe. La temporada está en marcha, ya veremos lo que nos depara.

La perdiz del Duero
(12 octubre 1972)

Hoy, día del Pilar, fue igual al día del Pilar del año pasado: agua, mucha agua, y un cielo uniformemente entoldado como si no pensara cerrar los grifos en una semana. Sin embargo, nuestro deseo de campo era tan vivo, que sin encomendarnos a Dios ni al diablo, nos aventuramos a salir; y, por una vez, acertamos. A las diez, el cielo se cuarteó, perdió su monotonía y se abrió en esa rica gama de grises que preludian la bonanza. Cinco minutos después había escampado y, aunque las carrascas de Villanueva estaban caladas pudimos dar unas manos. Al cabo de dos horas se reanudó el diluvio, compás que aprovechamos para comer caliente y con la nueva escampada —de 1,30 a 5,15 de la tarde— dar otra vueltecita por el sardón.

Lo más desconsolador, empero, no fue ayer el clima, sino una constatación tenebrosa: la desaparición total, la evaporación absoluta de la perdiz roja en estas riberas del Duero. Es decir, no hablo solamente de esta finca, sino de las colindantes que albergaron en su día una relativa abundancia de patirrojas y hoy no dan pájaro. La temporada pasada aún levantaba uno dos perdices aquí, cuatro allá, es decir, quedaba rastro de ellas. Pero éste, no. Ayer, entre cuatro escopetas abiertas en mano y tras una marcha de seis horas no se vio ninguna. Ni vimos ninguna desde el coche, en los frecuentes desplazamientos por los caminos que nos vimos obligados a hacer por mor de la lluvia y la disposición de las labores. La afirmación de que no queda perdiz aquí no es, pues, una afirmación gratuita. A la patirroja de la ribera del Duero se la ha llevado la trampa. ¿Qué trampa? He aquí un tema al que podría dedicar su tiempo y su ciencia un equipo de biólogos si este país nuestro fuese no más que un país consciente y preocupado por su futuro. Pero mucho me temo que en el país no haya tiempo ni dinero para estas bagatelas (?). Si la perdiz ha muerto en esta zona, ya resucitará y, si no resucita, ¡qué vamos a hacerle!, que la entierren y a otra cosa.

Anteriormente he tratado de buscar las razones de la progresiva desaparición de la perdiz en esta zona refiriéndome exclusivamente a la finca donde cazábamos. Pero este planteamiento no es correcto ya que según me dice Emiliano, el guarda, en los aledaños sucede exactamente lo mismo. De modo que el regadío y el ganado (por la finca se mueven más de un ciento de novillas y varios rebaños de ovejas) no parecen motivos suficientes. Arriba, en los pedregales de Villanueva y Serrada, entre las viñas, tampoco se ven perdices. Y su desaparición ha sido escalonada pero muy rápida, hasta el punto de que hace tres años, en la temporada 1969-70 todos estos términos dieron un porcentaje normal de patirrojas. A la siguiente, descendieron a la mitad y, en la presente, a juzgar por la excursión de ayer —una cala suficiente— su extinción a lo largo y a lo ancho de millares de hectáreas puede considerarse decidida. ¿Qué ha podido ocurrir aquí de tres o cuatro años a esta parte para que tamaño desastre se consume? Hay que considerar que los cultivos de la zona son diversos, que en ella existen pagos de riego y pagos de secano y, consecuentemente, que el tratamiento con pesticidas no es uniforme en todas estas tierras. ¿Una peste, entonces? No divaguemos. Uno, desde su supina ignorancia, no puede hacer otra cosa que denunciar el hecho, lamentarlo e instar a las autoridades en la materia para que se interesen por este casi repentino eclipse de la perdiz roja en las riberas del Duero, desde su confluencia con el Adaja hasta Tordesillas (más allá carezco de referencias). La cuestión, a mi entender, es de entidad suficiente como para justificar un estudio a fondo. Culpar de esto a la abundancia de raposos —hecho cierto, aunque seguramente no haya por estas mohedas más zorros que hace un lustro— como hacen las gentes sencillas de los términos afectados, no me parece una respuesta satisfactoria.

A falta de perdiz, el conejito salvó la situación, pese a que la humedad de la jornada no invitaba al encame. Tampoco facilitó el de la liebre, como lo prueba el hecho de que las cuatro que cobramos fueron muertas por la escopeta de punta cuando aguardaba el giro de noventa grados de la mano, es decir, en semigancho. El gazapate, anduvo todo el día en danza, muy movido y retozón. Gracias a él —y a alguna que otra torcaz madrugadora que ya ha entrado a la bellota— la cuadrilla se mantuvo durante seis horas en tensión. Por mi parte, paré tres, que muy bien pudieron ser cinco, uno de ellos a sesenta metros de distancia, cosa frecuente en el tiro atravesado del conejo. El conejo tiene un flanco muy vulnerable, extremadamente sensible al plomo. Bicho tierno, de abundante víscera, a menudo basta un perdigón de sexta para derribarlo. Todo lo contrario que el raposo. Ayer tarde tiré uno a cuarenta metros y mis disparos no consiguieron otra cosa que aguijonearle. Pero hablaba del conejo y debo añadir que el pesimismo que me turba al hablar de la perdiz en la comarca se convierte en optimismo al referirme a él. La frescura del pasado agosto y las precipitaciones de septiembre y octubre, si no significan el adiós a la mixomatosis en Castilla, poco le va a faltar.

Para completar la percha, bajamos tres torcaces —¡cuánto saben y cuánto tienen que matar los bichos éstos!— y Juan el primer azulón de su vida: un macho hermoso que cayó alicorto al Duero y le obligó a hacer equilibrios para cobrarlo.

La percha perdida
(15 octubre 1972)

Contrariamente a lo que sucede en las márgenes del Duero, en Santa María del Campo, sigue habiendo perdiz en cantidad. Luis, el guarda, y José Luis Montes me habían hablado de que la patirroja, a causa de los herbicidas, había aborrecido mucho nido e incluso ellos habían encontrado alguno con diez o doce huevos sin empollar. Esto no lo puedo poner en duda cuando me lo dice gente que vive o frecuenta el campo y que, por añadidura, sabe ver. Lo que pasa es que en estas navas inmensas, mechadas de perdidos y con cereal como única siembra, la naturaleza termina por prevalecer. Admito pues, que se hayan malrotado nidos, incluso en abundancia, pero la perdiz prolifera a pesar de todo y ayer pasamos un buen día cobrando diecisiete entre cuatro escopetas. Claro que para ello sudamos en forma la camisa pero este esfuerzo resulta compensador cuando se ven pájaros a un lado y a otro y en cualquier momento puede surgir la oportunidad. Yo temía la ausencia de mi hijo Germán, que el pasado junio se fracturó el fémur izquierdo, pero su hermano Miguel le suplió con sabiduría llevando la punta alta de la ladera con un dinamismo verdaderamente admirable. Trabajando más para la mano que para él, pudimos tirar todos y colgar todos. Al buen éxito colaboró el tiempo, pues una fresca brisa del norte aventó la posible canícula. De otra parte, las lluvias de la última semana almohadillaron el terreno restándole aspereza. Pese al sol, la perdiz no aguantó en las aulagas y tomillos, con lo que el morral hubo que hacerle sobre pájaros levantados, o bien por sorpresa, a la asomada en cerros y caballones. Posiblemente la frescura de la brisa eliminó en la perdiz su propensión a la poltronería. Este comportamiento hizo el cacerío más nervioso y vivaz, y posiblemente más divertido, que cuando el pájaro se echa en las pajas y nos sale al paso como una codorniz.

Por mi parte, cobré siete perdices: tres en la primera hora, una en la tercera y otras tres en la última. Anoto este detalle porque, por regla general, entre las primeras y las últimas horas de caza se advierte en mí una notable diferencia. El hombre nuevo, con las facultades íntegras que baja del coche, se suele parecer muy poco al hombre fatigado, con las piernas de plomo, que regresa a él al cabo de cinco o seis horas de caminata sin tregua. Este hombre desmarrido, con los reflejos tardos, mata lógicamente menos que el hombre entero que inició gozoso la jornada. Ayer no ocurrió así y eso que el día fue de mucho cuidado, lo que me hizo pensar que habiendo cumplido un año más, me encuentro más fuerte y en forma que la temporada anterior. Esto, para un cazador en declive, supone una satisfacción y como tal lo constato.

La segunda gran satisfacción de la jornada me la deparó una perdiz de esas que nos sobrevuelan desdeñando nuestra escopeta, *pensando* que a esas alturas, los plomos no pueden hacerlas sino cosquillas. Echar abajo una perdiz a esta distancia no lo había visto hacer más que a mi hermano Adolfo, hace un montón de años, en Cerecinos (Zamora), cuando reunidos en grupo, después de afanar toda la mañana, nos disponíamos a almorzar. De ahí mi gran alegría cuando la vi arrugarse y caer. El pelotazo fue tan contundente que el animal quedó tendido en los bajos sin mover una pluma, lo que me llevó a pensar que la había dejado seca. Pero ya, ya. Tan pronto inicié el descenso, se irguió, salvó tranquilamente el talud inmediato y escapó de mi vista. Al alcanzar el lugar donde la había perdido observé descorazonado que aquello era un mar de brezos y que sin perro no había nada que hacer. Pero el *Choc* andaba arriba, en el páramo, con mi hijo Miguel y cuando quiso acudir había transcurrido cerca de un cuarto de hora. Afortunadamente yo había tenido la precaución de no pisar el brezal, de modo que así que llegó el *Choc* y le puse en la pista, no vaciló, fue olfateando brezo tras

95

brezo y, al cabo, a treinta pasos, junto a un arroyo, se puso de muestra. Descendí sin demora y allí estaba el pájaro, acurrucado bajo un mato, sin otra lesión que un plomo de séptima en la articulación del ala derecha.

Dejando un poco de lado la pura cinegética, quiero reseñar un hecho anecdótico que individualiza la excursión de ayer. Me refiero al hecho de que tres de las siete perdices, tuviera que *cazarlas* dos veces. Me explicaré. Al derribar alicorta la última de la jornada, hube de salir por pies para evitar que se me emboscara en una lindera. En plena carrera me di cuenta de que se desprendía la percha de mi cintura, pero me dije: «Luego la cogeré; éstas no corren». Y, en efecto, de regreso, con la perdiz ya cobrada, encontré la percha, pero sólo la mitad de la percha —percha metálica, de gancho— de lo que deduje que la otra mitad, con tres pájaros, la había perdido antes sin enterarme. Me vi, pues, ante el dilema de renunciar a la mitad de mi botín del día o ponerme a buscarlas. En mi caso tal dilema no existía puesto que yo no soy capaz de dejar a conciencia caza en el campo. De forma que me dije: «Hay que encontrarlas». Entonces comprobé maravillado que un cazador es capaz de reconstruir su itinerario, en un navazo inmenso y uniforme donde un no cazador sería casi incapaz de orientarse, sin una vacilación. Esto revela que cada minúsculo accidente del terreno —un cardo, un cavón, una piedra, una islilla de galloga— sugiere algo al venador. De este modo, desandando lo andado, volviendo sobre mis pasos, fui reconstruyendo mi camino: «Esta linde la abandoné aquí», «en este punto franqueé este barbecho», «aquí seguí la espuenda, arrimado a la falda de la ladera», «el arroyo lo salté junto a esos juncos, cuando voló larga la perdiz aquella», «del arroyo a la siembra atravesé el

rastrojo a esta altura», «aquí subí», «aquí bajé...».
Como un Pulgarcito cinegético, deshice el camino
andado y, al cabo de veinte minutos, topé con las
perdices extraviadas, con tal precisión que de haber
llevado los ojos cerrados las hubiese pisado. Esto
significa que para un cazador, el campo de Castilla
—o cualquier otro campo— no es uniforme ni mo-
nótono. Uno rememora su itinerario con la misma
seguridad con que podría hacerlo un animal de as-
falto —y ustedes perdonen— en las calles de una ciudad, entre vitrinas, semáforos y agentes de tráfico
como puntos de referencia.

Los milagros del sol
(22 octubre 1972)

El sol es a la caza lo que a los toros o a las playas
de Torremolinos, no sólo un animador, sino un ele-
mento casi inexcusable. Su ausencia todo lo desluce
e incluso puede hacernos creer que no queda caza
allí donde todavía es posible encontrar algo. La excursión de ayer a Las Gordillas resulta elocuente en
este sentido. Las Gordillas es cazadero de pelo y
como quiera que los miembros del Club Alcyon, con
quienes lo compartimos, apenas asoman por allí un
par de veces al año al aguardo de palomas y como, al
parecer, el verano ha sido favorable a la cría del conejo, la excursión parecía oportuna a todas luces.
Nuestra visita, empero, se vio frustrada por una niebla pegajosa que no levantó hasta las primeras horas
de la tarde. Cazamos, pues, en un ambiente gris, de
escasa visibilidad, con lo que al hacer un alto para
echar un taco a las dos y media, la cuadrilla apenas
había disparado media docena de tiros y cobrado un

par de gazapos y una liebre. (La rabona me la reservé, la primera de la temporada La muy tonta se arrancó en los pastos del soto pero la revolqué de milagro, ya que tiró para el camino salvando un ribazo y cuando quise tomarla los puntos apenas divisaba las orejas y el rabo.)

Pero como el cazador, quizá más que ningún otro mortal, sabe ponerle al mal tiempo buena cara, allí pasamos un par de horas chanceándonos del chasco y deliberando sobre la conveniencia de dar otra mano o volvernos a casa con lo puesto. Optamos, finalmente, por lo primero, después de convencer yo a la cuadrilla de que una vez levantada la niebla aún podríamos cobrar seis conejitos, ya que el sol les invita a abandonar los bardos y sestear en las carrascas, palabras formuladas sin mucha convicción pero que resultaron proféticas.

Tomamos, pues, la parte abrigada de la ladera (los disminuidos físicos abajo) y, en efecto, en los cárcavos soleados empezaron a brincar gazapetes no en gran cantidad, pero salteados, de tal suerte que no transcurría un cuarto de hora sin que sonara un disparo en el monte. Dos horas después convocamos de nuevo a capítulo y se efectuó el recuento: siete conejos y una liebre que paró Germán en los bajos. Este botín, que no se incrementó ya que a las cinco volvió la fresca y los conejos se embardaron, se logró con suerte, a base de aprovechar las ocasiones. Yo tuve la fortuna de revolcar cinco de seis disparos, cosa rara pues tiro mal al conejo entre las carrascas. Al margen, eché abajo una perdiz, una solitaria perdiz —la única que vimos en toda la jornada— que se desplomó dibujando pingoletas en el aire pero que el desconcertante *Choc*, en una jugada que no le perdonaré nunca, no fue capaz de cobrarme. Y esto fue todo. Pero a uno se le alcanza preguntar: De no haber asomado el sol, ¿hubiéramos cobrado ocho piezas en un par de horas en un cazadero que durante toda la mañana no nos dio más que tres y otras dos posibilidades desaprovechadas? En la caza, como en la vida, todo quisque habla de la feria conforme le fue en ella. Insinúo con esto que si ayer hubiésemos dado por terminada la feria a las tres de la tarde hubiéramos afirmado, convencidos de ello, que el cazadero de Las Gordillas estaba agotado. Tras el paseo vespertino la cosa cambia. Conclusión: el sol no es Dios, pero desde el punto de vista cinegético, hace milagros.

Fin de una esperanza
(29 octubre 1972)

Escribía hace una semana que, en asuntos de caza, el sol hace milagros. Hoy es oportuno añadir que donde no hay, el sol no puede sacar. El sol puede hacer más notorias las perdices en un barbecho o aflorar a los conejitos que yacen en el subsuelo. Pero, desgraciadamente, de este punto no puede pasar. Y ahí queda la jornada de ayer como prueba: mañana soleada, temperatura tibia, brisa piadosa... ¿Y qué? Una perdiz para cuatro escopetas. ¿Hay quien dé menos? Y es que un coto en estas condiciones, un coto a compartir sin saber con quién, sin guardería, acosado por la codicia armada de los vecinos, no puede sostenerse. Sinceramente esto de Torre de Peñafiel —donde no habíamos vuelto desde el primer día— no puede resolver nuestro presente —y menos aún nuestro futuro— cinegético. Todo acotado requiere un guarda, pero, ¿quién pecha con un desembolso de 160.000 pesetas anuales? Todo acotado exige una pausa de cuando en cuando, pero ¿quién es el guapo que mete en abstinencia a una docena de ávidas escopetas rurales a las cuales ni siquiera conoce? Esta topografía, vuelvo a repetir, es apropiada para que la perdiz se multiplique, pero, aparte los defectos apuntados, el cazadero resulta demasiado agreste y duro para los cien kilos de mi hermano Manolo, el fémur convaleciente de mi hijo Germán y el medio siglo largo de vida del que suscribe. Con este lastre a cuestas, las tres cuadrillas con que tropezamos ayer nos ganaron por piernas y cuando nosotros quisimos actuar no hubo de qué, tan solo Germán descolgó una perdiz que se durmió en un cincho de broza. El resto —los otros tres— ni siquiera descargamos las escopetas. En vista de ello, Diógenes Arranz, con quien concertamos la operación del coto nos propuso manear el de Rábano —con el que, al parecer, hemos fundido o estamos a punto de fundir el nuestro— pero allí la topografía es aún más ingrata, por no decir diabólica (laderas pinas con suelo de guijo que amenazan constantemente la integridad de uno) con lo que pese a nuestra voluntad y a nuestros esfuerzos, al cabo de un par de horas dimos media vuelta sin tirar un tiro.

Lo mejor del día fue la comida, bajo un sol de membrillo, en una especie de refugio que Diógenes y sus amigos han levantado en los aledaños del pueblo, con terrazas y abrigaños múltiples para hacer cara a las inclemencias y veleidades de las cuatro estaciones. De sobremesa, el amigo Diógenes Arranz nos dio, caballerosamente, toda clase de facilidades para resolver el contrato, liberándonos del compromiso de seis temporadas que previamente habíamos asumido. Lo de Torre de Peñafiel, por tanto, tras la desafortunada jornada de ayer, pasará pronto a ser un recuerdo en nuestro dilatado historial venatorio.

100

¿El palomazo?
(26 octubre 1972)

Paco León me anunció el martes por teléfono que ya se movían algunos bandos de torcaces en los cabezos de Las Gordillas y que me animara a acompañarles al aguardo que preparaban para el jueves. Al objeto de hacer las cosas bien, el miércoles me fui a dormir a Villacastín para llegar al cazadero con la primera luz. Debo reconocer que me hacía muy pocas ilusiones respecto al posible palomazo de que hablaron Antón Gaiztarro y Moncho Coronado la víspera. Estas excursiones que rompen mis hábitos cinegéticos, un tanto frugales, contadas veces han correspondido a las esperanzas depositadas en ellas. Concretamente, en esto de la espera de torcaz, fracasamos estrepitosamente, en este mismo cazadero, hace un par de años. Esto supone que ayer me encaramé a las laderas de Las Gordillas con poca fe, ya que a mi desconfianza proverbial, habrá que añadir en este caso el mal cariz del tiempo confirmado por los meteorólogos: cielos cubiertos y precipitaciones generales. Y, en efecto, apenas me había refugiado en el tollo —un mato de encina amplio, ahuecado con muy buen arte— una negra nube cubrió el vallejo del Voltoya y empezó a soltar agua sin medida. A la hora, se rasgó el cielo y escampó y, el viento —que en plena moheda apenas se sentía— arrastró en pocos minutos los malos augurios y los sombríos presagios:

—¿Quiere usted decir que el aguardo resultó?

¡Hombre, como se lo diría yo a usted! Aquello no fue un palomazo en el sentido que Coronado y Paco León le dan a esta palabra —esto es, una entrada multitudinaria de torcaces— pero sí un cacerío emocionante, vivo y divertido, que me reconcilió con esto de la caza a la espera que no va con mi carácter:

101

—O sea, que tiró usted...

Para decir verdad, vacié tres veces la canana y bajé diecisiete palomas. Esto, naturalmente, no es un *record* pero en este oficio, salvo algún día, hace ya muchos años, con la codorniz, no recuerdo haber disparado nunca con tal alegría. Para que me entiendan: yo soy cazador de pocos tiros —ocho a doce por cacerío— como suelen serlo los cazadores al salto, de modo que cuando se presenta una oportunidad de multiplicar por siete su ración habitual bien puede asegurar que se trata de un día de fiesta. El hecho de tirar mucho o poco, no es, por otra parte, lo que da sabor y realce a una cacería. Lo que justifica la caza es el grado de atención y concentración que nos reclama. Ortega habló —y habló muy bien y en su punto— del cazador como «hombre alerta». El cazador es justamente eso, un hombre alerta, y cuando por fas o por nefas deja de serlo, deja automáticamente de ser cazador para convertirse en un pobre ser que se aburre. El hombre es cazador, en tanto es un hombre que está en guardia. Y una vez que ese hombre se relaja porque deja de esperar algo, en ese instante, y aunque tire tiros, ese hombre deja de cazar. Por aquí concluiremos que en el aguardo —de palomas, de gangas o de lo que sea— lo que marca el nivel de distracción no es el número de bajas, ni siquiera el de disparos, sino el grado de atención que el campo requiere. Esto es, con ser mucho el hecho de que ayer necesitase setenta tiros para derribar diecisiete torcaces, es aún más expresivo el que, salvo la hora inicial de lluvia y una pausa de tres cuartos de hora a mediodía, las palomas, altas o bajas, aisladas o en bando, no cesaron de incitarme durante toda la jornada. La vigilancia de 360 grados y la constante animación en las alturas no me dieron el menor respiro. Esta asechanza provoca tal tensión que a menudo es suficiente un mosquito para sobresaltarnos. Y esto no es un decir. Ayer, más de una vez, bastó una mosca volando a un metro de mi cabeza, para volverme y armarme creyendo que era una torcaz en lontananza que se aproximaba. Y no digamos nada de los chascos que me proporcionaron jilgueros y zorzales. La cosa, pues, resultó bien y mejor aún por inesperada. Empero, me gustaría hacer algunas precisiones sobre este tipo de caza.

Para empezar, yo pienso que en estas pasas otoñales de palomas hay que distinguir entre la paloma que evoluciona sobre la mancha a cazar y la paloma itinerante. La primera es ave en viaje, gregaria, y los bandos nos sobrevuelan, por lo general, a una altura inaccesible, en tanto la otra —la que podríamos denominar sedentaria, aunque por un tiempo indeterminado— aislada o en grupos reducidos, anda de encina en encina, a la bellota, buscando la mejor manera de llenar el buche. Entiendo que es con esta paloma divagatoria pero asentada con la que habremos de poblar la percha. Esto es lo usual, lo corriente, mas tal afirmación no siempre es válida puesto que el día del palomazo, según referencias, es aquél en que por circunstancias climatológicas o apremios de alimentación en ruta —que estas cosas no creo que las sepa nadie— el bando emigrante baja a las encinas donde estamos apostados, se cierne sobre los cabezos y, en tal caso, un mediano tirador con una repetidora en la mano puede armar en unos minutos la de Dios es Cristo. En la jornada de ayer, con ser una jornada distraída, no fue este el caso. Afortunadamente, ya que a mí, en la caza, me encocora e irrita casi tanto una total ausencia de oportunidades como una sucesión de oportunidades sin cuento. En el primer caso no cazamos porque no hay de qué, en el segundo porque las posibilidades de enmendar nuestros yerros son tantas que nuestra atención se diluye al tiempo que decrece el presunto mérito de nuestros aciertos. La competencia queda descompensada.

El atractivo de esta modalidad de caza hay que buscarlo ante todo en la variedad. Variedad que afecta tanto al tiro —de pico, descolgada, repullada, sesgada, trasera, columpiándose en el viento— como a las incontables maneras de desplomarse la pieza. En este punto, me fascina igualmente la torcaz altísima que entra en barrena haciendo el tornillo, como la atravesada que se inmoviliza al recibir los plomos para descender luego lentamente, sin plegar las alas, como sostenida por un paracaídas.

La caza de palomas al aguardo, hablando en plata, me ha conquistado. Si la pasa se prolonga habrá que pensar en repetir la excursión y en el peor de los casos, esperar —con acrecentada ansiedad, ¿a qué negarlo?— el aguardo del año que viene.

El lebrato
(1 noviembre 1972)

¡Pues sí que quedaba alguna perdiz en Villanueva de Duero! ¿Quién iba a imaginarlo después de las vueltas que dimos el otro día buscando, en vano, algún resto de ellas? Pero así son las cosas. Ayer, cuando pateábamos el carrascal donde pernoctan las novillas, vi cruzar algo fugazmente, de mata a mata. Me detuve, presté atención y el paso se repitió una y otra vez hasta siete. ¡Eran perdices apeonando! La aprensión me llevó a pensar que su paso era premioso y torpe, pero a la hora de volar me di cuenta de que su recelo y su brío eran los habituales. Fue tal mi alegría que en un momento me olvidé de las tres horas de inútil paseo y de la lluvia tamizada que caía sobre nosotros. A primeras horas de la tarde, el bandito le arrancó a mi hermano Manolo en un recodo del monte y el hombre, que esto de la perdiz lo borda cuando quiere, consiguió un doblete maestro, con la suerte de que la segunda le hizo un castillo lucido sobre una tierra arada aledaña lo que facilitó la cobra. El doblete —que en un cazadero tan cicatero en perdiz tuvo que saberle a gloria— ofrece la contrapartida de que en lugar de siete son ahora cinco las perdices que quedan allí, aunque si su progresiva desaparición se debe, como me temo, a los plaguicidas, tampoco Manolo habrá hecho nada de más acelerando el tránsito.

A más de las perdices, que constituyeron la sorpresa del día, éste dio un balance abultado y variopinto: cuatro liebres, tres conejos y seis palomas y nos deparó otras dos novedades de muy distinto carácter: la liebre que se merendó el *Choc* mientras, de sobremesa, acechábamos a un bando de palomas y la media liebre que atrapó viva, en la cama, mi hijo Juan. Lo primero, lo de la incontinencia del *Choc*, pica ya en historia. Estos perrazos, cuando se envician, suelen ser insaciables. Que ahora recuerde, el *Choc* se ha comido en lo que va de año una codorniz, un conejo y una liebre Y el vicio es por la carne fresca puesto que un rato antes de comerse la liebre desdeñó olímpicamente los mendrugos de pan tierno con que traté de obsequiarle mientras almorzaba. No hay que decir que de la liebre —una pieza hermosa de casi tres kilos— apenas dejó la cabeza y las dos patas traseras. Fue tal mi irritación que le metí éstas en la boca hasta provocarle náuseas, flagelándole después ásperamente con una mimbrera, aunque no conseguí que emitiera un quejido. Cada vez que castigo a este perro tengo la impresión de que golpeo a un muro, lo que me desazona aún más. Luego, eso sí, pasó la tarde cariacontecido, sumiso como nunca, pero dudo mucho que la lección le haya servido de escarmiento.

La captura del lebrato fue un acontecimiento singular. Manolo, mi hermano, le divisó mientras caminaba, y por señas y silbidos nos invitó a aproximarnos. El animalito, aculado en una carrasca, estaba hecho un ovillo y su pánico trascendía de su respiración anhelante. Al congregarnos los tres no hizo el menor movimiento y una vez cerrado el triángulo, clavó sus ojos en mí —unos ojos amarillos, todo pupilas— como implorando misericordia. Entonces sugerí a Juan, que estaba detrás, que se lanzara sobre él, lo que hizo con un ademán tan rápido que el animalito no tuvo tiempo de reaccionar, siquiera sus zarpazos, al verse prendido, le pusieron manos y muñecas hechas una lástima. Encerrado en un morral, dentro del coche, apuramos la tarde y, a nuestro regreso, le encontramos acurrucado sobre el jersey de Manolo, de tacto mucho más suave que su improvisado encierro. Tras una prolongada deliberación, acordamos soltarle sin demora pues su terror iba en aumento y resultaba dudoso que sobreviviera a la noche. Al principio, el animal no se apercibió de su liberación y permaneció un rato inmóvil a nuestros pies, hasta que al agacharnos y amagar con prenderle de nuevo, salió dando alegres brincos por el calvero del monte. Lo triste fue no poderle poner un lazo al cuello para evitar que nuestra protegida de hoy sea nuestra víctima mañana. La caza no tiene entrañas.

Juerga y atraco
(5 noviembre 1972)

La honesta juerga del sábado —anduvimos toda
la familia donde Ildefonso de la Mela doblando las
películas que nos hizo en Sedano el pasado agosto—
y el atraco a mano armada en el taller de Manolo esta
madrugada —que nos privó de su concurso— nos
pusieron temblones y la mano de ida por las cuestas
de Santa María esta mañana no nos proporcionó
más que tres perdices; una de Miguel, otra de Germán y otra mía, aunque también es cierto que no vimos ni la cuarta parte de pájaros que hace casi tres
semanas. Y, sin embargo, aquellas perdices, metro
más, metro menos, tienen que andar ahí, lo que sucede es que unos días uno da con ellas y otros no;
unos días vuelan dócilmente ante las escopetas y
otros las esquivan; unos días se dispersan bien y
aguardan a la caída del montículo y otros, no. Si la
caza no tuviera cara y cruz dejaría de atraernos. Pero
el caso es que hoy entre que uno venía nervioso y que
a la perdiz no la cogimos bien las vueltas, las perchas
resultaron desmedradas Y yo no tengo derecho a
quejarme puesto que al regreso, se me arregló la cosa
y bajé otras cuatro. Cuestión de suerte. Lo reseñable,
en mi caso, es que atinase mejor cansado que fresco,
siquiera hoy la cosa sea explicable, ya que la frescura
inicial quedaba desvirtuada por los nervios, mientras
la fatiga postrera se compensaba con el relajo que
produce una caminata de tres horas. Esto aclara que
a la ida marrara dos bombones sirgados, remitidos
por Luis, mi yerno, y malbaratara una oportunidad
de doblete, en tanto, a la vuelta, de cinco tiros sobre
perdices barbecheras, y consecuentemente avisadas,
cobrara cuatro. De mis cinco pájaros, me quedo con
el más fácil: uno que se encampanó, galleando, al ser

sorprendido en la falda de la ladera. Hace años que una perdiz no se me repullaba así. Ordinariamente este pájaro vuela en extensión, a lo largo, no a lo alto. Sólo cuando un accidente le cierra el paso o, por un motivo u otro se alarma, se alza en vertical desde su encame emitiendo un grito de sorpresa que es una bendición de Dios. Este tipo de vuelo ha venido a menos, como ha venido a menos la perdiz que vuela a postura de perro por la sencilla razón de que este pájaro vive sobresaltado y no admite, salvo los pollastres en octubre, que el can le ponga la nariz encima.

La escopeta extraviada
(12 noviembre 1972)

Con la escopeta sucede lo mismo que con la pluma: ahormarla a nuestra medida es un problema de tiempo, en ocasiones de mucho tiempo. Hay personas muy dúctiles a quienes tirar con una escopeta u otra les es indiferente. No pocos cazadores, por ejemplo, disponen de una escopeta mocha para el conejo, dos gemelas de tubo largo para batida, otra del 20 para la codorniz y, si se tercia, un rifle de distinto calibre, según vayan al rececho o de montería. A estos hombres no les afecta cambiar de arma del mismo modo que hay conductores que hacen lo mismo a un Dodge que a un Seiscientos. Reconozco mi envidia hacia estos seres; me admiran su flexibilidad, su prodigiosa facultad de adaptación. Esto de la escopeta es para mí tan sumamente delicado que únicamente rindo lo que debo cuando he logrado adaptarla, esto es, a convertirla en un miembro más de mi cuerpo. Recuerdo que a mi padre, cazador desde la infancia, le ocurría otro tanto y una vez que mi hermano le extravió el guardamanos en la Sinoba y se vio en la obligación de utilizar otra arma no bajó una codorniz ni por casualidad en toda la tarde.

Con la pluma estilográfica me sucede lo mismo. En tanto no consigo transformarla en un apéndice de mis dedos no le saco utilidad. Mientras me preocupo de que la tinta fluya en la cantidad debida o de que la apertura del plumín sea la conveniente o de que el trazo ofrezca la contundencia que apetezco, la concentración me es imposible. Yo a mis plumas las modelo y educo a mi gusto a base de hacer borratajos de primera intención, sin pretender decir nada con ellas. La aventura de cambio de pluma es, por tanto, una auténtica aventura, ya que a veces la pluma tiene su personalidad y se resiste a amoldarse a la nuestra; en definitiva, se rebela y uno acaba arrinconándola en un cajón ante la imposibilidad de hacer vida de ella. Yo requiero plumas dóciles, que asuman la inclinación que las imprimo, sin resistencia, sin arañar el papel, sin fluencias intermitentes. Conseguido esto, la pluma llega a ser un instrumento insensible entre los dedos; es uno mismo, una prolongación de uno mismo La pluma, como la cabeza, debe trabajar automáticamente. Si hemos de esforzarnos para que nos obedezca, si la sentimos, la concentración que esto exige nos inhabilita para enhebrar dos ideas concatenadas.

Esto explica que siendo en mí la caza una pasión avasalladora no disponga más que de una escopeta, que utilizo indistintamente para todo el abanico de posibilidades que este deporte ofrece. Y esto explica, al propio tiempo, que si un día, por una razón o por otra, he de cambiar de arma, mis posibilidades de hacer daño se reduzcan cuando menos a la mitad.

Tras este preámbulo, el lector comprenderá mi

disgusto cuando el sábado, al ir a preparar los trebejos, no hallé mi escopeta en su rincón habitual. Recurrí a mis hijos menores que al regreso de la última cacería me habían ayudado a subir los bártulos, pero tampoco ellos recordaban nada, con lo que llegué a la conclusión de que habíamos dejado la escopeta en la calle, junto a un árbol, o apoyada en la pared en el portal. Los nervios se me descompusieron. El amigo Luis Carandell, que había cenado en casa me llevó a altas horas en su coche hasta el garaje para comprobar si la había dejado en el mío. Todo inútil. El arma tampoco estaba allí. Como último recurso llamé a «El Norte de Castilla» y mandé insertar el anuncio de su pérdida para el domingo. Esto no resolvía mi problema del día siguiente, pero como ninguno de los chicos podía acompañarnos a la excursión, decidí llevar la escopeta de mi yerno, en medidas la más parecida a la extraviada. ¿Necesitaré decir que no pegué ojo en toda la noche? ¿Necesitaré decir que echaba ya en falta la escopeta, mi escopeta, como podría echar en falta un brazo o una pierna que me hubiesen amputado? Diecisiete años domándola eran demasiados años como para no deplorar la sustitución. Con seguridad, la escopeta de Luis, heredada de su padre, era mejor que la mía, pero hasta esta superioridad me desconcertaba. Y mi añoranza subió de punto cuando Manolo y yo, mano a mano, nos abrimos ayer en los barbechos de Santa María. Añoraba el peso de la escopeta, el perímetro de su cuello, el ancho del guardamanos, la longitud de los cañones, el blanco de nieve de su punto de mira, el suave contacto de su culata en mi mejilla cuando me armaba, el contundente, pero moderado, empellón del culatazo mil veces sentido en mi hombro derecho. En una palabra, era consciente de que llevaba un postizo y, en consecuencia, mi atención se dispersaba. Por si fuera poco, en ausencia de gente joven, me correspondió llevar el asomo de la ladera, pechar con vaguadas y caballones, y entre aquello, esto y los cristales de las gafas empañados por el sudor en contraste con la temperatura ambiente, más bien fresca, la primera perdiz que me voló a tiro se marchó indemne. Bien mirado, no puedo afirmar que la tiré yo: tiró la escopeta sola. Quiero decir que mi escopeta, la perdida, me exigía una determinada presión sobre el gatillo que me resultaba familiar y que mi instinto cinegético dominaba. Imprimir al gatillo la presión necesaria era, pues, en mí un acto reflejo. Incluso ignoraba que al apuntar a una pieza lo hacía ya con el dedo índice en el gatillo. La escopeta de mi yerno, en cambio, mucho más sensible, percutió el pistón antes de que yo tomara los puntos a la pieza; el tiro escapó ante de que yo hubiera concluido de armarme. El disparo me dejó tan desorientado que hasta me olvidé de que disponía de un segundo tiro para enmendar mi torpeza. Tal fue la tónica durante las tres primeras horas de la mañana: la extrañeza. Extrañaba todo, las medidas, el peso, el contacto de la culata en mi hombro y, sobre todo, la hipersensibilidad del gatillo derecho. Pasé tres horas sin cortar pluma. El mero hecho de hacer consciente el acto de conectar mi dedo con el gatillo, me invalidaba. Poco a poco, fui habituándome, haciéndome a las nuevas características del arma que portaba y, de esta forma, en las dos últimas horas, pude derribar tres perdices y revolcar un par de liebres que me devolvieron la confianza en mí mismo.

En resumen, la jornada transcurrió con la cabeza en otro sitio. De regreso, en casa, me comunicaron la grata nueva: mi escopeta había aparecido; estaba aguardándome en la oficina de guardias municipales, lugar donde se entregan —¡cuando se entregan!— los objetos perdidos. ¡Loado sea Dios!

La perdigonada
(18 noviembre 1972)

Tan cierto como que cada hora tiene su afán es que cada jornada de caza recata su sorpresa. Para nuestra fortuna, en la caza no hay dos días iguales. Aunque insistamos en el cazadero, la cuadrilla sea la misma y el tiempo similar, a buen seguro las cosas no rodarán de la misma manera una jornada que otra. En ninguna actividad como en ésta de la caza podremos decir que el hombre está a la que salte. Si me apuran, yo diría que este aforismo responde a un origen cinegético donde lo más probable es que la liebre fuese la protagonista. En principio, ayer —un día gris, ventoso, de llovizna intermitente— la tónica, en lo que a presencia de caza se refiere, difirió poco de escapadas anteriores a esta finca: total ausencia de perdiz, cuatro torcaces esquivas y escaso pelo, aunque justo es consignar que de los tres gazapetes que cobramos, uno había padecido mixomatosis. Esto no impidió que yo, guiado por la buena estrella, aculase dos rabonas y dos conejos de las cinco oportunidades que se me presentaron.

—¿Dónde está, entonces, la particularidad de su jornada de ayer?

Calma. El signo de esta jornada queda al margen de la caza, o, por mejor decir, al margen de nuestras previsiones en tanto que hombres cazadores; o sea, se trata de dos lances razonablemente imprevisibles, dadas las circunstancias en que se produjeron. Primero: la perdigonada que me administró en una pierna mi hijo menor y, segundo, el ojeo del raposo que me brindaron las novillas de la finca. Ambos hechos, por desacostumbrados, se prestan a un breve comentario:

Uno de los riesgos del venador es encontrarse

112

con el perdigón que se pierde en el campo. Tengo amigos tuertos por accidente de caza y otros a los que la imprudencia de un compañero dejó lisiados para los restos. Esto significa que en la caza no solamente debemos ser prudentes, sino extremar las precauciones en aquellos casos —cuando se bate una moheda, por ejemplo— en que los compañeros no están a la vista. Disparar en línea, aun contra el suelo o a cinco metros por encima de la estatura de un hombre, envuelve un peligro, por la sencilla razón de que el tiro, el grueso de la carga, en el instante de salir del tubo, lleva la dirección prevista pero a menudo, a consecuencia de un rebote, se desmanda algún perdigón cuyo sentido de proyección es caprichoso. Recuerdo que en una ocasión, cuando la posta aún no estaba proscrita, disparé a más de cien metros sobre dos avutardas en vuelo y, ante mi asombro, alicorté a la de la izquierda, cuando en realidad tiré sobre la de la derecha. Aquel éxito no fue tal sino lo que en la jerga del jugador habitual llamaríamos una chamba. Yo abatí ciertamente una avutarda, pero no la que pretendía. No acerté, sino que, por pura carambola, alojé una posta en el ala de la otra que volaba a más de veinte metros de mi blanco. Después de esta experiencia, la prohibición de la posta en la caza mayor me parece una medida más que discreta.

Con el perdigón, por razón de número, es más fácil que suceda algo semejante, lo que ocurre es que su peligrosidad es mínima de no herir una zona delicada del cuerpo. De muchacho, cazando con mi padre, recibí un día una perdigonada en la cara cuando él disparó sobre un conejo. En aquella ocasión el rebote no se produjo por el flujo simultáneo de los plomos al abandonar el cano, sino al percutir en una laja que el gazapo salvaba en ese momento. Tampoco el percance de ayer fue fruto de la imprudencia, sino de la

113

confianza. Mi hijo disparó a tenazón sobre una liebre que apenas tenía recorrido en un minúsculo calvero. Tiró correctamente, hacia abajo, contra un suelo almohadillado, pero tres perdigones vinieron a mí —aunque solamente uno me penetró— achatados por la violencia del rebote en caliente. En una palabra, no fue más que una advertencia, advertencia que no nos viene mal a los cazadores de cuando en cuando. Y lo mismo que sucede tirando bajo, puede suceder tirando alto ya que yo soy testigo de cómo un compañero alcanzó la mejilla de otro cuando entre ambos se interponía un altillo que les impedía verse mutuamente. En aquel caso, la perdigonada directa era imposible, luego se trataba de un rebote en el aire. Entiendo, pues, que la única garantía para el cazador en mano— si que relativa— es tirar delante y detrás, nunca en línea.

El ojeo del zorro por la manada de novillas constituyó para mí una novedad. Las cazas no suelen desconfiar de los rebaños; las empujan, pero no las asustan. Esta es la base de la caza de avutardas con cencerro y a media luz de la que el lector habrá oído hablar. Yo debo decir a este respecto que únicamente una vez he apelado a esta estratagema sin ningún éxito, lo que no quita para que la admita como posible. El caso es que ayer, cuando maneábamos el monte, sentí las esquilas de las vacas en dirección encontrada a la nuestra. Unos minutos más tarde irrumpió el raposo, de frente, entre las carrascas. El indino caminaba al paso, confiadamente, sin otra preocupación que alejarse de los cencerros que habían interrumpido su siesta. Era un bicho grande, hermoso, de lomo oscuro, que me entraba sesgado a no menos de sesenta metros. El perdigón de séptima no era adecuado, pero era una ocasión de probar fortuna. Así es que aguardé a que saliera a la monda, apunté y disparé. La rociada

114

debió de cogerle de lleno porque pegó un brinco y volvió apresuradamente sobre sus pasos, momento que aproveché para doblar y él, tras una brevísima vacilación, desconcertado entre los tiros y las esquilas, se dirigió derecho a mí, que oculto tras una carrasca, me apresuraba a cargar de nuevo. La llegada jadeante del *Choc*, que venía a verificar los efectos de los disparos, no pudo ser más inoportuna. El raposo, sin darme tiempo de cerrar la escopeta, cambió de dirección y escapó de mi vista. Una gran lástima y una oportunidad perdida.

Sobre el doblete
(26 noviembre 1972)

El doblete, cuando no es indicio de abundancia de caza, suele tener no diría mucha pero sí alguna ciencia. Hablo, claro es, del doblete de perdiz o de perdiz y pelo, ya que los dobletes de codorniz, dada la aproximación que admite esta avecilla y la indicación del perro, es algo que está al alcance de todas las fortunas. Los de perdiz, los dobletes, digo, entrañan mayor dificultad. Y no digamos los de conejo y patirroja o patirroja y liebre que requieren no sólo un ritmo diferente, sino la coincidencia de arranque de dos animales de distintas especies en el peguial
—Usted hizo ayer un doblete, como si lo viera.
—Pues no, señor, ya ve lo que son las cosas. Estuve a punto de hacerlo, pero me faltó media perdiz.
—¿Cómo media perdiz?
Escuche. Ayer, prácticamente el primer día de invierno, con temperaturas crudísimas después de un noviembre dulce y una insistencia casi norteña en las precipitaciones, la perdiz de Santa María andaba

desorientada. Los hielos fuertes —y ayer los había en arroyos y charcos de dos dedos de espesor— suelen provocar la agrupación de la patirroja. La perdiz soporta estoicamente la helada, pero si éstas se hacen continuas y muy rigurosas, propende al amontonamiento. No es raro, allá por los meses de enero y febrero, en las parameras de Soria y Burgos donde el termómetro parece un tiovivo, encontrar bandos de cuarenta o cincuenta individuos, lo que quiere decir cinco o seis bandos agrupados. La perdiz mesetaria, como los viejos iberos, hace tribus de las gentilidades y, en ocasiones, federaciones de las tribus. El termómetro manda y cuando la columnita de mercurio desciende por debajo de lo que es normal en la época, las perdices de un cuartel se apiñan, forman bandos de bandos, tal vez para intercambiar calor. Tal cosa suele acontecer, como digo, en los duros inviernos de la meseta norte, a medida que las temperaturas van haciéndose gradualmente más insoportables. Lo de ayer, sin embargo, fue otra cosa. Sencillamente se presentó el invierno de golpe y porrazo y de unas temperaturas mínimas de nueve grados pasamos, en veinticuatro horas, a otras de seis grados bajo cero. El cambio fue abrupto y tanto a las personas como a los animales nos cogió desprevenidos. Y si añadimos al hielo el viento norte, bravo y continuado, bajo un sol intermitente, de pocos pujos, tendremos una representación aproximada de la jornada de ayer.

En estas circunstancias, sucedió todo lo contrario de lo apuntado más arriba: la perdiz, lejos de concentrarse, se dispersó, fenómeno que advertí de salida y que pude comprobar a lo largo del cacerío. Salvo casos excepcionales, los pájaros empezaron a volar en solitario desde las nueve de la mañana, bien de los barbechos profundamente subsolados, bien de los perdidos intercalados entre las labores. Y su arrancada, dadas las características del día, friolento y ventoso, no era excesivamente larga, quizá porque rehuían la intemperie y se encontraban a gusto en su yacija soleada, al abrigaño del viento. En tal tesitura, la fiel *Dina* —a la que ayer logramos separar del *Choc* para que cazara uno en cada extremo— supuso una inestimable ayuda, ya que, morro al viento, fue indicándome con precisión la presencia de los pájaros esparcidos por el navazo. La *Dina* es perra de nariz sensible y, con el viento de cara, es muy capaz de acusar la presencia de una perdiz a doscientos metros de distancia. Su posterior aproximación, prudente y paulatina, sin perder los vientos, me permitía tomar mis precauciones ante el pájaro presto a saltar del tomillo o el cavón. Las cosas se fueron produciendo conforme esperaba. La perdiz brincaba a cuarenta o cincuenta metros de su morro —y de mi arma, puesto que así que la perra se inquietaba yo no me separaba de su lado— con lo que mediante disparos a saque de escopeta se podía hacer labor. Mis tiros sobre perdices solitarias —salvo una que derribé alta y de pico, volada arriba por mi yerno— fueron, pues, muy similares y, una vez cogido el tranquillo, hubiera derribado fácilmente las dos docenas si el campo hubiera dado de sí. Pero el cazadero de Santa María se mostró ayer cicatero y hube de conformarme con cinco patirrojas en apenas hora y media. De vuelta, con el aire a favor, no fue posible repetir la suerte, en primer lugar porque la nariz de la *Dina* ya no era tan sensible y, en segundo, porque el viento delataba de lejos mi presencia. A pesar de ello, pude elevar mi percha a siete, pero mis manos agarrotadas no respondieron en el trance oportuno.

—Pero usted iba a hablarme de un doblete; de que para lograrlo le faltó media perdiz.

Ahí iba, sí, señor, y usted disculpe, lo que ocurre

es que he tomado las cosas de atrás para ambientar la suerte. A mi juicio, el doblete de perdiz exige mucho requisito: tiempo calmo, discreta distancia, irrupción no rigurosamente simultánea de la pareja, etc. Para mí, la salida de la perdiz en bando no me resulta propicia. En estas condiciones he hecho escasos dobletes pero varias carambolas (tres perdices llegué a derribar de un tiro en Boecillo hace muchos años una mañana de vendaval, anécdota que atribuyo a Lorenzo, protagonista de *Diario de un cazador*). La carambola obedece al puro azar y es relativamente frecuente cuando el bando se alza muy prieto del suelo. Pero si se alza disperso, la carambola es inviable y el doblete resulta bastante problemático, ya que los nervios impiden decidir los objetivos en la décima de segundo necesaria. También me ofusco cuando cazo en monte. El espeso me amilana y el temor de perder la perdiz derribada en primer término condiciona el segundo disparo. Se trata de reacciones instintivas que en mi caso no acertaré a contrarrestar así viva mil años. Por contra, si en un día sereno y soleado se arrancan dos perdicitas a veinte metros, con unas décimas de segundo entre vuelo y vuelo, el asunto es relativamente sencillo. Ayer mañana faltaron estos requisitos salvo el de la distancia. Las dos patirrojas volaron del lindazo en la misma fracción de segundo y aunque fogueé rápidamente sobre la primera y la derribé, poner los puntos a la segunda me llevó un tiempo, suficiente para que ella se alejara en el viento y mi perdigonada no consiguiera otra cosa que desplumarla y descolgarla una pata. Esta es la media perdiz de que hablaba, media para la contabilidad íntima del cazador, pero nula a la hora de hacer arqueo y repartir las piezas.

El conejo extremeño
(2 diciembre 1972)

El Director del Colegio Universitario de Cáceres, Ricardo Senabre, me invitó a dar una charla en esta ciudad, brindándome como señuelo la oportunidad de tirar unos tiros en tierras extremeñas. Hacía años que no paseaba la escopeta por aquellos pagos, donde he pasado horas magníficas, de suerte que acepté, rogándole nos buscase un cazadero apañado donde disparar cuatro docenas de cartuchos. Ante tan lisonjeras perspectivas, mi hermano Manolo se ofreció a acompañarme, no sin que antes le advirtiera que no era raro que estas cacerías magnas, por las razones que sean, resulten a la postre bufas. Como ejemplos típicos, y sin salirme de tierras extremeñas, le recordaba yo, mis dos fiascos avutarderos en Brozas, donde no disparé un tiro, y los ya célebres aguardos de tórtola en Mérida, allá por los años 60, en que volvimos ayunos.

Empero, después de la conferencia, la ilusión seguía en alza. Nuestro destino era el Coto Petit o Los Lavaderos, uno de los más afamados criaderos de conejos no ya de Extremadura, sino de España entera. Según su dueño, Isidro Silos, en el Coto Petit han llegado a capturarse con cepo 30.000 gazapos en una temporada, naturalmente antes de que la mixomatosis se enseñoreara del país. También contaba Silos que en unas maniobras militares, los 3.000 hombres acampados allí se merendaron 500 conejos atrapándolos a mano, sin más que acosarlos contra los vivares vigilados. De modo que allá nos fuimos en compañía de José Manuel Guerra, Antonio Iglesias, Antonio Javaloyes y el propio Silos.

El cazadero, en punto a topografía, no puede ser más atractivo. El Coto Petit conserva esa mollar jugosidad que suele ser tónica de buena parte del campo cacereño. Esta campiña es una campiña amueblada y pintoresca en la que los dilatados campos de pastos, salpicados de retamas, encinas y alcornoques, constituyen un *habitat* idóneo para el conejo. También están los canchales, púlpitos ciclópeos para otear los alrededores. Y así, encaramados cada uno en un canchal, aguardamos a que la jauría de podencos y *fox-terriers*, movieran el retamal. El procedimiento de caza era desconocido para nosotros y, si no me equivoco, es, en esencia, el que utilizan en las sardas catalanas mis amigos de la «Colla els vuit conillaires»: el conejo, guarecido en un medio intrincado, no brinda otra posibilidad que la de moverle con los perros en la mancha y descrismarle cuando, en su fuga enloquecida, cruza el calvero o abandona definitivamente la maraña. Para los que somos nuevos en estos empeños, el mero hecho de ver trabajar a los perros constituye ya una atracción. El fox es un animal de una ferocidad insospechada. Perro valiente, no creo que la caza de pelo —incluidos raposo y tejón— tenga un enemigo más encarnizado. Antes de comenzar la batida, Abundio, el guarda, me mostraba los dientes mellados o rotos de los cuatro ejemplares, reliquias de los duros combates sostenidos en las zorreras. El fox está dotado, por otra parte, de una ubicuidad asombrosa. Apenas sueltos, el retamal se convirtió en un hervidero de sombras fugaces que cruzaban como centellas en todos los sentidos. De cuando en cuando aparecía un fox en lo limpio, el hocico a ras de tierra, la oreja alerta ante el posible aviso de un camarada. De este modo, tan pronto se producía un aullido entre las escobas, los canes abandonaban su afanosa busca y acudían desalados a la llamada. De producirse en estas ocasiones el paso de un gazapo ante las escopetas, no duraba ni una milésima de segundo. Nunca sospeché que un conejo, con sus cortas patas, pudiera alcanzar estas velocidades endiabladas. Ni cazando a toro suelto, he visto correr tan velozmente a un conejo. El gazapo perseguido por un fox es literalmente un relámpago (algo así, pienso yo, debe ser la publicidad subliminal). Su tiro, pues, es difícil, ya que a lo enmarañado del terreno se une la fugacidad del blanco y el riesgo, no demasiado lejano, de partir la carga de plomo con el can perseguidor.

Pero, quizá, lo más llamativo del lance sea la obstinación con que el conejo se apega a lo sucio. Sin duda, él presiente que en la maraña está su salvación, de ahí su resistencia a asomar a los calveros. Por eso, antes de apelar a la carrera —su última oportunidad— el gazapete finta, frena, regatea, tratando de dar esquinazo a los perros, cosa que consigue con frecuencia. Esto supone que una inmediata segunda vuelta, y aun una tercera, por las mismas escobas nos depararán semejantes oportunidades de tiro que la primera.

Alguno, tal vez, argumente que el conejo extremeño es tonto al no recluirse en los vivares, pero no hay tal. El gazapo intuye que a la vera de los bardos, en un cancho con perspectiva, acecha la escopeta. Al animalito, entonces, no le queda otro recurso que corretear de un sitio a otro y únicamente en casos extremos se decidirá a acogerse al bardo burlando el bloqueo del cazador. Distraída fórmula de caza, en suma, allí donde la topografía lo aconseja y la densidad de conejos lo justifica.

En el Coto Petit, una hora después de iniciar el cacerío, habíamos cobrado nueve gazapos —¡qué destreza también la de los fox para la cobra!— y un hermoso ejemplar de zorro que revolcó Antonio Iglesias al comenzar a batir la mancha. Lo triste del caso es que sobre las once de la mañana, cuando cambiábamos de cazadero, se desató la lluvia, una lluvia menuda e incisiva, desde un cielo uniformemente gris, cejijunto y sombrío, que en media hora nos puso como sopas. Menos mal que la casa no quedaba lejos, y allí, al amor de la lumbre, mientras las ropas se secaban, echamos un párrafo sobre la caza en general y, más concretamente, sobre la delicada situación de la perdiz en Extremadura, tan crítica, si no más, que en la meseta superior, ya que mientras las escopetas proliferan a un ritmo delirante, los terrenos libres desaparecen y los acotados alcanzan unos precios astronómicos. Silos habló de batidas donde el puesto se cotiza a cuatro mil duros más 300 o 400 pesetas por perdiz muerta. Por su parte, José Manuel Guerra contó que una finca por la que se han pagado 250.000 pesetas no ha rendido hasta el momento, transcurridos los dos mejores meses de la temporada, más que dieciocho perdices, o sea que hasta el día la patirroja sale aproximadamente a 14.000 pesetas. Evidentemente en ciertas zonas de la meseta sur, la perdiz, como en muchas otras partes, anda escasa. Impulsados por esta penuria, se va haciendo costumbre la incubación de los huevos de la primera puesta para forzar la segunda. Para el cazador medio, como para el cazador modesto —el acotamiento del término por los propios cazadores de los pueblos es menos frecuente aquí dadas las características de la propiedad rural— las cosas se ensombrecen en Extremadura. Menos mal que por estos lares, la paloma y, en particular, la tórtola, en sus devaneos estivales, promueven un traqueo intenso y el desfogamiento consiguiente. Pero también esto empieza a cotizarse y acabará rigiéndose en breve, como todo, por la despiadada ley de la oferta y la demanda.

La garza
(2 diciembre 1972)

¡Triste morral el de hoy en Villanueva de Duero!: Cuatro conejos, una liebre y una zurita y pare usted de contar. Fuera de nuestra despedida de Torre de Peñafiel es ésta la primera vez en esta temporada que me vuelvo bolo. Y, en rigor, la suerte no me deparó más que una oportunidad de romper el maleficio: la liebre que me metió Juan y que erré como un novato. Y no digo el primer tiro, que precipité apremiado por las carrascas, pero sí el segundo, una vez rebotada la rabona en Manolo que también la había disparado sin acierto. Desconcertada, la liebre volvió entonces a mi terreno y la tiré al hilo, en un pasillo angosto pero suficiente, y aunque hizo un extraño, pronto se rehízo y ni la *Dina* ni el *Choc*, excitados con tanto tiro, dieron con ella.

La novedad de la jornada nos la procuró una garza, apostada en un prado de alfalfa y que, por alguna razón inexplicable, no se inmutó cuando Manolo y yo nos aproximamos a ella a la rastra, de manera que pudimos derribarla sin dificultad. La meteremos en formol y se la guardaremos a mi hijo Miguel que ahora anda en el Sáhara estudiando la fauna africana.

La caza mecánica
(10 diciembre 1972)

Decididamente, si Dios no lo remedia, esto se acaba. La caza en Castilla, quiero decir. Nuestra cazata en la Ribera Meneses, tesonera y sostenida, de más de ocho horas de duración, apenas nos dio un botín de tres liebres, un raposo y un pato real. La Ri-

123

bera Meneses, ciertamente, nunca fue un terreno perdicero —tierras irrigadas y manchas de chopo y encina—, pero no tropezar con una después de una caminata de treinta kilómetros es un indicio desolador. Quizá de habernos dedicado a los patos el resultado hubiera sido distinto, pero el parro es caza ocasional que ayer, por mor de la gran crecida de los ríos, se amparaba en la maleza de las orillas. Es obvio que derribarlos era empresa sencilla, pero ante la imposibilidad de la cobra —ni el *Choc* ni la *Dina* son canes acuáticos— renunciamos a tirarlos porque en nuestro código cinegético no cabe, ciertamente, aquello de matar por matar.

De lo poco reseñable que deparó el día, fue el raposo que aculó mi hermano Manuel, uno de los primeros de su vida cinegética (una vez más me demostró este animal que la astucia que se le atribuye es más teórica que real. Al volver la mano mis hijos Germán y Juan en un espesar de encina, el animalito le entró a mi hermano gazapeando con lo que no tuvo más que armarse y disparar para revolcarle). El bicho tenía excoriado el costado derecho, con huellas de una vieja perdigonada cicatrizada. Se conoce que otra escopeta nos tomó la delantera hace algunos meses y que, durante el proceso de curación, los picores le indujeron a rascarse en lajas y carrascas hasta depilarse una extensa zona del cuerpo. Fuera de esto, la tónica del día, frío y tristón, fue el aburrimiento. No se vio caza y, consecuentemente, las iniciales actitudes de alerta fueron relajándose para terminar en un absoluto desinterés.

Esto da pie para pensar en el porvenir que nos aguarda a los cazadores. Un porvenir deplorable que no podrá paliar el ingenio humano en sus esfuerzos para procurarnos un sucedáneo. Hace unos días hablaba el diario *Informaciones* de la implantación en

124

España de *la caza mecánica*, con la que se trata de proporcionarnos una oportunidad de realizar todos los movimientos que realizamos cuando cazamos para concluir tirando a un plato. Trataré de explicarme brevemente. Lo que se pretende es dotar a las fincas que decidan dedicarse a la *caza artificial*, de una serie de jaulas en las que haya perdices, liebres y conejos encerrados. Tales jaulas, ocultas en los matorrales, estimularán la labor de los perros, su rastreo y, finalmente, la muestra. Ahora bien, no se trata de que los animales enjaulados recuperen la libertad ante la delación del can, sino que una máquina lanza-platos, accionada posiblemente por una célula fotoeléctrica —que esto no lo aclara el reportaje— disparará un plato al aproximarse el cazador (?), raso y a la velocidad del conejo si el animal enjaulado es un conejo, raso y a la velocidad de una liebre si es ésta la enclaustrada y alto y repinado, o sirgado, o al hilo o de través —a voluntad del dueño del ingenio— si el animal prisionero, que nuestro dócil perro muestra, es una patirroja. En este punto, el cazador (?) debe demostrarse a sí mismo, al hacer añicos el plato, que en su caso, esto es, en el caso de que allí hubiera arrancado *de verdad*, un conejo, una liebre o una perdiz, él los hubiera derribado. Pero yo me pregunto: ¿Pueden creer de verdad los inventores de estos ingenios que tamaña argucia-puede sustituir a la caza en un próximo futuro? ¿Cómo es posible identificar una pasión natural y silvestre como es ésta, con una suma de artilugios técnicos, quintaesencia del artificio?

El hombre que sale al campo con una escopeta, lo primero que intenta hacer es huir de la doblez, del engaño, de la mecanización, que aplastan a las sociedades modernas. Y si lo que va buscando es un contacto directo con la libertad y la naturaleza, ¿cómo va a darse por satisfecho al toparse con una pieza enjaulada y un trasto mecánico accionado por el último grito de la técnica? Esto es no querer entender al cazador. El cazador busca un duelo en el monte. Anúlese esta competencia —o debilítese en cualquier forma— y se acabará la caza. Y todo lo que no sea darnos aquello —un animal libre, desconfiado y silvestre— será darnos gato por liebre, una burda añagaza que en nada va a mitigar el pesar que produce nuestra inacción como tales venadores.

De lo que se está tratando, en vista de la progresiva decadencia de la caza, es de buscar para nosotros, cazadores, un pasatiempo, olvidando que la caza para el verdadero cazador es algo mucho más noble, complejo y apasionante que un mero pasatiempo. Es evidente que un delantero centro hambriento de goles puede pasar un rato distraído en el bar jugando una partida de futbolín, pero esto en modo alguno puede compensarle del placer de deambular por una pradera, sortear a dos defensas contrarios y hacer un gol *de verdad*, como mandan los viejos cánones.

El ingenio del siglo XX ha inventado el futbolín de los cazadores, pero sería ingenuo imaginar que pueda esto algún día suplantar a la caza-caza.

La perdiz, a menos
(17 diciembre 1972)

Las cuestas de Santa María nos dieron hoy cuatro perdices para cinco escopetas y pocas oportunidades más de aumentar la cifra, lo que quiere decir que también por aquí la patirroja va a menos. De no ser por Juan que acertó tres liebres de tres disparos, hoy hubiéramos regresado a casa prácticamente de vacío. La decadencia de la perdiz en Castilla no ha impedido que vuelva a anunciarse por parte del Icona la apertura de caza con reclamo a partir del primer domingo de febrero. Yo pienso que estamos estrujando excesivamente el campo, con lo que mucho me temo que no tardando acabemos esquilmándolo. Y al exponer mis temores no los limito a una determinada zona o región. Entre incivilidad y mecanización, la caza, la perdiz, va decreciendo en todas partes Alejandro Araoz y Alfonso Urquijo, que bajan con frecuencia a Toledo y otras provincias privilegiadas del sur, han advertido también esta recesión y, según me dicen, los pájaros abatidos este año han descendido considerablemente en relación con los anteriores. Las agencias informativas de prensa confirman estas manifestaciones pesimistas y, en relación con el cacerío dado en honor del príncipe Carlos de Inglaterra, aseguran que hubo que acarrear unos centenares de perdices enjauladas para que su alteza pasase el rato. Y si esto sucede en fincas destinadas a este fin, donde todo —siembras, agua, manchas— está concebido para conseguir un *habitat* adecuado, ¿cómo va a sorprendernos que en las tierras de labor, donde la perdiz, mal que nos pese, es un intruso, se observen estas mermas inquietantes?

Otra zona sintomática a estos efectos es la de Quintanilla de Abajo, próxima a Peñafiel. Con un fuelle resistente y unas piernas elásticas, hace diez años en estas diabólicas laderas podían conseguirse perchas de gala. Bueno, pues después de acotado el término, según me dice Ignacio Herrero, uno puede caminar tres leguas sin levantar una patirroja. Herrero atribuye esta catástrofe a la proliferación descontrolada del raposo. Recuerdo que Araoz-padre culpaba también al zorro del descaste de la perdiz en ciertos sectores de la ribera del Duero. De la multiplicación del raposo en ambos lugares no puede dudarse. De octubre a diciembre, Tati Herrero ha atrapado en su monte cuarenta y cinco, dieciséis de ellos sin cambiar el cepo de sitio. Por nuestra parte, desde el año pasado, no hemos efectuado una sola excursión a Villanueva de Duero sin ver al menos un par de zorros, cifra considerable cazando en mano. Desconfío, no obstante, que el raposo por sí solo sea capaz de liquidar la perdiz en tan extensas zonas y tan escaso tiempo. Esto es, yo añadiría a la abundancia de alimañas, el reclamo, la mecanización del campo (jeeps, tractores, cosechadoras), la reciente irrigación de ciertas zonas, la eliminación de linderas y perdidos, el precio de la perdiz en el mercado, los sigilosos rifles del 22 y el uso y abuso de insecticidas y plaguicidas. La química ha traído al campo, aparte una mejor apariencia de los sembrados y un peor sabor en los frutos, un factor incontrolado o, por mejor decir, de efectos no bien conocidos. Pero lo peor del caso es que cuando queramos dar con las causas de este declive, la perdiz pueda haber llegado a su total extinción.

Nieblas meonas
(22 diciembre 1972)

Las nieblas castellanas y, más concretamente, de Valladolid, suelen ser muy pertinaces en este mes de diciembre. Ocasiones hay en que la ciudad, flanqueada por el Pisuerga y la Esgueva, queda sumida en el sopor de la bruma durante cinco o seis días consecutivos, mientras cincuenta kilómetros más allá disfrutan de un solillo, por extemporáneo, más de agradecer.

128

Las nieblas pincianas son zainas y engañosas, se presentan a traición, luego de una temporada —nunca demasiado larga— de cielos altos y mediodías luminosos. Tres días de estas características y el mal sabor de boca de la jornada dominguera, nos animaron a Manolo y a mí a dar una vuelta por Santa María, confiados en que el meteoro, dada la mayor altitud, se disiparía antes por aquellas tierras. Y nuestra esperanza se confirmó ya que sobre las once de la mañana, el sol comenzó a dorar las cotarras y a licuar la carama acumulada en los matorrales. La excursión, en principio, se ajustó a nuestras previsiones, pero las cosas fueron desenvolviéndose de tal manera, que no nos fue factible sujetar a la perdiz, esparcida caprichosamente entre los terrones. De ordinario los mataderos de Santa María están en las cuestas salpicadas de aulagas y tomillos, los lindazos y arroyos y algún que otro perdido moteado de carrascas. Tales obstáculos son muy querenciosos de la perdiz con varios vuelos en las costillas los días soleados, mas no resultaban atractivos esta mañana por la humedad producida por el deshielo. Manolo y yo nos dedicamos, sin embargo, a mover los pájaros durante dos horas en la esperanza de que los matos se secasen, pero cuando la faena preparatoria tocaba a su fin, empezó a caer la niebla de nuevo, se enturbió el sol y la perdiz, fortalecida por los elementos, renunció al abrigo de la maleza, con lo que hubimos de limitarnos a cambiar los bandos de sitio sin la menor esperanza de tirarlos. En este cacerío desangelado, únicamente aguardaron dos pájaros: uno lo derribé yo y el otro cogió a Manolo a contrapié y se largó a criar. Menos mal que un cuarto de hora después acertó a un conejo que de manera insólita se lanzó por la siembra luego de regatear un rato entre las aulagas. Para remate, bajé una paloma que me sobrevolaba a gran altura y nos brindó un desplome espectacular.

A pesar de todo, vimos más perdices que el domingo. En Pekín, desde luego, pero a estas alturas, de no diezmarlos con el reclamo, los bandos vistos garantizan la distracción para la próxima temporada.

Ni conejos
(24 diciembre 1972)

Triste va el año. Ya, por no haber, ni conejos. Uno no acierta a explicarse cómo en un sardón de quinientas hectáreas cabe tirar a una treintena de conejos, y en otro, aparentemente más propicio y a quince kilómetros de distancia, ni siquiera llega a estrenarse. Esto de la peste no hay quien lo entienda. Apenas empieza uno a cantar victoria cuando llega un día como el de ayer a recordarle que la mixomatosis, al menos en Castilla, anda muy lejos de estar erradicada. Porque si no hay conejos en lo de Blanco, uno de los sardones más poblados allá por los años 40, es improbable que haya conejos en la provincia de Valladolid.

El monte de Blanco, hace apenas cinco lustros, era un hervidero de conejos. Monte difícil, muy prieto y agreste, no impedía que un conejero ducho pudiera lucir, al final de la jornada, un morral abultado. En él se adiestró su dueño desde crío, con lo que al alcanzar los diecisiete años Carlos Blanco no tenía rival en su terreno. Experto en el tiro a tenazón, conocedor del carrascal palmo a palmo, Carlos Blanco revolcaba conejos en espacios inverosímiles. En otro orden de cosas, su identificación con los perros era total, completísima. Le bastaba un levísimo ademán para que el perro rodeara la mata y le sacara el gazapo por lo limpio. En una palabra, Carlos Blanco en su monte hacía lo que quería e inevitablemente sus acompañantes quedaban pasmados de su pericia. Ello no impedía que éstos, menos conspicuos pero con una afición no menor, fuesen amontonando cazas en el macuto, ya que aquel que no derribaba media docena de conejos en lo de Blanco mejor le sería ir pensando en colgar la escopeta.

Carlos Blanco murió en plena juventud, cosa siempre triste, pero a no dudar se ahorró la tribulación de ver como su monte, que cuidaba con un celo próximo y entusiasta, se iba convirtiendo poco a poco en un cementerio. Porque ya es hora de manifestar que ayer, de cinco escopetas, únicamente dos dispararon una vez cada una. Las demás no llegaron a estrenarse. El hecho es tan insólito que uno se pregunta: ¿Qué ha podido suceder en este carrascal? El gazapo vuelve a apuntar ya en todas partes, el pasto es abundantísimo, el sardón denso y bien guardado, ¿dónde diablos, entonces, andan los conejos? Después de este gran fracaso me abochorna pensar en la cantidad de papeles que he llenado en los últimos meses hablando de la recuperación del conejo, ya que existen lugares —y éste es uno de ellos— donde tal recuperación no se manifiesta ni mucho ni poco. El monte de Blanco, como el de los Herrero en Quintanilla y otros varios, a efectos conejiles siguen muertos. ¿Razones? Se me antoja muy complicado dar con ellas. Porque el caso es que, en estos lugares, setiembre suele entrar con conejos en abundancia y es precisamente en invierno, tras una otoñada dulce y húmeda, muy favorable para los pastos, cuando aquéllos empiezan a ralear.

Por otro lado, esta mancha de encina es variada y perfecta, ya que a la corta sucede una zona de mata media y, a ésta, otra de mata alta muy enrevesada. En los carrascales donde cabe la opción, los conejos cuando son hostigados —y, hoy por hoy, éste no es el caso del monte de Blanco— se concentran en lo alto, en los rincones más arduos y enmarañados, ya que el tiro ahí es difícil, ha de ser muy rápido y a saque de escopeta. Todo esto es muy cierto y, para cualquier cazador con alguna experiencia, evidentísimo. Pero el caso es que ayer no cabe hacernos ni el reproche de la lentitud puesto que ni en la corta ni en el espesar brincaron conejos. Quiero decir que el fracaso no fue cuestión de reflejos. Hasta Búfalo Bill hubiera marchado ayuno ayer del monte de Blanco.

Y el caso es que juguetes, huellas, conatos de huras recientes se observan en todas partes, lo que induce a pensar que a determinadas horas se produce cierta actividad y donde existe esta actividad es que tiene que haber conejos. Pero ¿dónde rayos se meten, entonces? Ciertamente, ayer, día gris y neblinoso, no era un día muy apropiado para el encame. De acuerdo. Pero este hecho puede reducir el número de conejos en superficie, en modo alguno suprimirlo. De niño yo acompañé a mi padre infinidad de veces al monte de Valdés, en los Torozos, y cuando evoco aquellas cacerías, el sol está ausente de mi recuerdo. De aquellas primeras excursiones, conservo la memoria de unas manos amoratadas por el frío y unos cielos bajos color ceniza. Bien, pues en estas condiciones jamás faltaban conejos encamados, de forma que los morrales de mi padre podían ser más o menos eminentes, pero jamás, creo yo, bajaron de la media docena de piezas. ¿Qué pasa entonces? Guillermo, el guarda de Blanco, a quien conocimos hace cuatro lustros en el coto de la Espina —uno de los cotos perdiceros más golosos de la provincia de Valladolid al que también se le ha llevado la trampa—, me decía que tal vez el merodeo diurno del conejo se reduzca por temor al raposo, ya que él en el último año ha capturado sesenta y seis ejemplares. La cifra es tan elevada que lo mismo puede servir para explicar la escasa población conejil como para aumentar nuestra perplejidad, puesto que si no hay conejos en el monte después de eliminar a sesenta y seis raposos, es que hay otros factores que lo impiden.

El zorro, por otra parte, es animal noctívago y, en consecuencia, parece lógico que sus ataques empujaran al conejo a hacer vida diurna, cuando su enemigo ande encamado o refugiado en las zorreras. Y, sin embargo, no es así. Anita Blanco, hermana de Carlos y actual administradora de la propiedad, me decía que frecuentemente recorre los caminos del monte de noche sin que salte un solo gazapo a la luz de los faros. Cualquiera que tenga algún conocimiento de lo que es un monte de encina sabe que este dato es definitivo. La población conejil no puede ser importante cuando de noche no se da a ver ante los focos de un automóvil. Esto sugiere que las huellas y juguetes en que abunda el carrascal son obra de pocos conejos pero muy activos. No se me ocurre otra explicación. Pero que la mixomatosis anda todavía por medio no hay quien me lo saque de la cabeza, a pesar de verse cada temporada menos animales enfermos. La prueba está en lo que Anita Blanco y Guillermo, el guarda, me decían: «Hasta setiembre se han visto conejos de día y de noche; ha sido al adentrarnos en el otoño cuando han desaparecido».

Manolo Gallo
(26 diciembre 1972)

Como suele ser costumbre en la familia, el día de Navidad, por la tarde, marchamos a Sedano para pasar la semana que media hasta Nochevieja. Sedano, al norte de Burgos, tiene un encanto peculiar, aun en estas fechas hibernizas, con el caserío encajonado entre los montes y las manchas de roble, haya y pimpollo abrigando valles, páramos y laderas. Apenas llegados, Luis Gallo nos anunció la primera salida al jabalí para la mañana siguiente. Estas salidas improvisadas a los cochinos requieren mucha paciencia y mucha perseverancia si queremos conocer el éxito. Por mi parte, y humildemente, debo reconocer que la media docena de veces que he salido no he cogido más que frío. Los Gallo, sin embargo, y otros venadores del pueblo, van poco a poco sumando trofeos. El propio Luis cobró hace un par de años un ejemplar espléndido de 120 kilos cuando iba por la ladera cazando perdices. El hombre tuvo la serenidad suficiente para cambiar en unos segundos el cartucho por bala y derribarle cerca del barrizal donde estaba hozando. En la temporada que corre, ya se ha apuntado otro, y otro más Miguel Varona, el veterinario. Estos cochinos se matan con escopeta y rifle, esto es, como se matan, por lo regular, en todas partes. Por eso sorprende más la actividad venatoria, puramente primitiva y medieval de Manolo Gallo. Sus proezas ya se comentan en estos contornos por su singularidad.

Hace apenas cuatro años, Manolo Gallo se mostraba muy refractario a la cinegética: «Hay que estar de la cabeza para salir al campo con este frío. ¡Con lo bien que se está en la cama!», solía decirnos. Pero paulatinamente, sin que nadie se explique cómo, ni

134

por qué, le fue entrando el gusanillo. Crió un perro; luego, otro perro. Y, de ciento en viento, agarraba la escopeta y marchaba al monte con ellos. No buscaba perdices. El iba siempre a por bichos de más substancia. Así, un día cobró su primer jabalí. Pero en la excursión siguiente se encontró en una situación difícil: los canes acosaron al jabato con tal ardimiento que Manolo no pudo disparar por temor a herirlos. A partir de esa fecha se echó un cuchillo al cinto de apenas seis dedos de hoja. Al año siguiente aumentó a cinco la rehala y dejó en casa la escopeta. Sin maestro que le desbrozara el camino, Manolo Gallo fue aprendiendo solo. Los podencos eran buenos para hallar el rastro, el lobo para cortar la carrera a la res y los *boxers* y los *bulldogs* para apresarla. Poco a poco se fue organizando Manolo Gallo. Su rehala ya no crecía, simplemente se adiestraba. Precisaba un perro detector, otro corredor y tres de presa. Una vez conseguido esto, lo demás se le fue dando por añadidura.

Una tarde, en el sardón de Las Hazas, el podenco cantó el jabalí. El resto de la jauría se unió a sus latidos y Manolo Gallo, en solitario, corrió en su dirección. Al poco rato, sobre la ladera donde se desploma el Páramo de Masa, se topó con la res en enconada pelea con los canes. Los *boxers* y el *bulldog*, aferrados a las orejas del bicho, le hacían girar inútilmente sobre sí mismo, en tanto los otros dos le agredían a dentelladas. Manolo Gallo se aproximó serenamente a la presa, le aferró de la pata trasera y le acuchilló hondo entre las costillas. La navajada en el corazón fue de un efecto fulminante. Manolo Gallo ya conocía el oficio. Desde entonces, salvo cuando bate para los demás, para los escopeteros, Manolo Gallo sube al monte solo, con sus perros y su cuchillo. No necesita más. El otro día, no hace todavía dos semanas, en el alto de Las Pardas, rajó a un cochino hermoso y cuando se dirigía al pueblo en busca de ayuda para bajarle, se le arrancó otro y le abatió de otra cuchillada. De este modo y en corto tiempo la experiencia jabalinera de Manolo Gallo se ha enriquecido sin cesar. A la manera de los antiguos alanceadores, él conoce los puntos flacos del gorrino salvaje, cómo cerrarle el paso, dónde asirle y dónde y cómo clavarle. Lo que se dice un consumado puntillero:

—¡Ojo, Manolo! Mira que un día la res te voltea los perros y te acuchilla a ti a mansalva; no debes hacerlo solo.

Pero Manolo Gallo sonríe. Cuando uno le habla de los riesgos de su afición, Manolo, ineluctablemente, lo echa a barato. Él le ha cogido el gustillo al mano a mano, al contacto directo con la bestia y eso de las escopetas y los rifles no acaba de digerirlo.

Al mismo tiempo, Manolo Gallo se ha convertido en un diestro batidor con intuición y astucia suficientes para barrer debidamente el arcabuco. Y cuando intervienen las armas de fuego, él, mejor que aguardar, prefiere mover la mancha con sus canes. Y, concretamente, esto, es lo que hace a la mañana siguiente de nuestra llegada, cuando su hermano Luis propone una batida. Y yo, conocedor de las habilidades de Manolo Gallo, tan pronto siento las primeras voces en la maraña de roble, apresto el arma. Pero no hay nada. Ya antes de llegar los ojeadores, escucho las voces de Manolo en el mohedal:

—¡Esto es un fracaso, Miguel! ¡No hay perros!

—¿Pues dónde demonios andan?

—Se largaron detrás de un jabalí.

Y allí en lo alto, al abrigaño, prendemos unas aulagas, formamos corro alrededor de la lumbre, y Manolo cuenta: Él subía en el último coche y a seis kilómetros del pueblo, poco más allá del cruce con Las Hazas, en la cerviguera donde los pinos están desterrando el roble, divisó dos cochinos, macho y hembra, a menos de treinta metros de la carretera. El hombre vaciló. Si hubiera dispuesto de una carabina, la cosa no ofrecía duda, pero en su caso ¿qué hacer?

—Anduve un cuarto de hora dudando, os lo juro. Y los bichos no quitaban ojo del coche, pero no creáis que se movían.

Finalmente, Manolo Gallo sucumbió a la tentación. Azuzó a los perros y éstos se perdieron en la mancha, tras el rastro. Pero no lograron capturarlos. Manolo divisó las huellas divergentes en el cortafuegos, lo que demuestra que, ante el acoso de los canes, la pareja se dividió. Por la tarde, los perros aún no habían regresado al pueblo. A la noche apareció uno. A la mariana siguiente, tres más. Faltaba el quinto. ¿Habrá sucumbido en lucha desigual con el jabalí?

Así se frustró nuestra improvisada montería de ayer. A pesar del fracaso, el misterioso atractivo del robledal en esta época del año es ya de por sí compensador. Uno aguarda, apostado tras un mato, embriagado de Naturaleza; convertido en Naturaleza él mismo. No surge nada, no se ve nada, no se oye nada y, sin embargo, cabe esperarlo todo porque la mano del hombre aún no instauró por aquí el artificio. Y es esta inmersión en un ambiente puro, incontaminado, lo que más agradece el venador a estas alturas de civilización.

El jabalí y la perdiz
(28 diciembre 1972)

Desde que llegamos a Sedano se barruntaba la nieve. Por mi parte había vaticinado que de girar el viento al norte, la nevada se produciría inevitablemente dentro de las veinticuatro horas. Pero al levantarnos esta mañana, el viento seguía soplando del suroeste por lo que después de desayunar y mientras se hacía la hora del almuerzo decidimos dar unas manos a las perdices por las laderas de Mozuelos. Para cazar debidamente estas cuestas se necesita un escuadrón, pero como antes de cazar se trataba de observar un poco el terreno, Luis, Juan y yo nos abrimos en el tercio alto de la ladera y nos pusimos a caminar a buen ritmo porque el tiempo estaba fresco. Conforme nos había anunciado Luis Gallo, perdices vimos pocas y las pocas que vimos resguardadas en las vaguadas, al abrigaño, pero —cosa rara— se diseminaron a las primeras de cambio. Ello me permitió derribar dos, en tiros un poco largos, en dos escalones de aulagas. Al cabo de una hora de caminata, el viento viró repentinamente al norte y en unos minutos, la nube se encajonó en el valle y se inició una alborotada cellisca que nos obligó a descender precipitadamente a la carretera, con tan buena fortuna que el Boni, que andaba cobrando los recibos de la luz, nos recogió en su Seiscientos y nos trasladó a Mozuelos a por el coche.

Después de comer he comentado con los Gallo y el alcalde el decrecimiento de la perdiz en este cazadero, hecho sorprendente ya que la superficie de las cuatro hazas de cereal que había antaño se ha multiplicado por diez al roturarse los páramos. Pero al tiempo que las perdices disminuyen los jabalíes aumentan, relación inversa que, ecológicamente, queda suficientemente explicada, ya que, en contra de la común creencia, el jabalí no es vegetariano sino omnívoro y cualquiera que haya criado cerdos conoce, por ejemplo, la avidez con que estos bichos sorben los huevos de gallina o devoran los empollados. Cerdo y jabalí, salvo la domesticidad y el número de arrobas, son una misma cosa. Las cerdas extremeñas que se crían en montanera quedan cubiertas con frecuencia por gorrinos silvestres, hasta el punto de que allí nadie se sorprende de que una cerda alumbre una camada de jabalíes en lugar de una camada de cerditos como sería lo mandado. Admitido esto, resulta aceptable que en Sedano, donde la bellota no abunda, la dieta del jabalí se extienda a los huevos de perdiz e incluso a las polladas y los gazapos de pocos días.

En el sur, la antinomia caza mayor-caza menor es conocida. El propietario de una finca debe optar por una o por otra. Tratar de conjugar ambas es perder el tiempo. El jabalí posiblemente sea más dañino para la perdiz que el raposo. Todavía hay cazadores, sin embargo, que niegan, o al menos ponen en tela de juicio, esta interferencia. Pero lo acaecido estos últimos años en la reserva de Doñana me parece concluyente a este respecto. El aumento de la población jabalinera redujo la de perdiz a ojos vistas. Bastó, sin embargo, que se desatase en la reserva la peste porcina, que diezmó las piaras de guarros salvajes, para que la patirroja se esponjase. Se trata, pues, de una demostración paladina, evidentísima, que no admite réplica. Y si estas cosas son así, ¿por qué vamos a extrañarnos de que en Sedano decrezca la población perdicera en tanto proliferan los cochinos silvestres?

Los octogenarios sedaneses —que, por cierto, abundan— recuerdan sus años de juventud como una época dorada para la caza menor, en tanto los encuentros con el jabalí eran tan raros que, cuando se producían, hasta salían en las coplas de ciego, como ocurrió con el cochino que atacó en pleno monte al practicante Rufino Melgosa cuando se dirigía monte arriba a cumplir su humanitaria misión.

La progresiva eliminación de la cabra en estos contornos y la repoblación forestal, en manchas extensas y muy prietas, han determinado un incremento del jabalí que ha venido a cercenar las posibilidades de desarrollo que cabría haber esperado de la perdiz con los roturos de los altos. En este momento, Sedano es un coto equilibrado donde nada abunda pero donde nada falta tampoco. Las temporadas venideras nos dirán quién puede más, ya que la coexistencia de caza mayor y menor resulta, como hemos visto problemática.

Cazar con los ojos
(29 diciembre 1972)

Volvimos a buscar las perdices de Valdepuente en las aulagas donde las dejamos ayer al iniciarse la nevada, pero todo en vano. Las cumbres seguían nevadas por lo que acabamos refugiándonos en las laderas encaradas al naciente donde el suelo estaba limpio.

Este cazadero de Sedano resulta ímprobo, es cierto, pero, quizá por ello, no menos grandioso. Las perdices podrán fallar pero lo que no falla nunca es la seducción del paisaje (y las tremendas cuestas facilitan la perspectiva) de una majestuosidad inigualable. Así, esta mañana, en vista de que no arrancaban perdices, me dediqué a mirar. Los vallejos profundos, muy angostos, almacenan la tierra erosionada durante siglos y es en ellos donde se dan algunos cultivos y frutales. Las laderas, en cambio, increíblemente empinadas, no dan sino roble y aulaga y, en los bordes, firmes aristas de roca desnuda con frecuentes concavidades, lo que imprime al paisaje una bravura inusual.

Al cabo de una hora, Miguel —que llegó anoche— voló arriba un par de bandos endemoniados a los que tiramos por calentarnos la mano. Contemplar estas perdices descolgándose de ladera a ladera, sobrevolando los valles a doscientos metros de altura, constituye un espectáculo fascinante. Como cabe suponer, no cobramos nada en las dos horas y media que duró el paseo, es decir, cobramos oxígeno en cantidad y una fuerte dosis de optimismo al comprobar que aún queda un lugar en el mundo donde todavía puede hallar el cazador esta confortadora sensación de plenitud.

Nuevo cazadero
(7 enero 1973)

Por cambios de cazadero no quedará esta temporada. De ordinario uno se encasilla en dos o tres lugares y no conoce lo que sucede en el resto de Castilla sino por referencias. De ahí que este año me propusiera patear todas aquellas tierras donde, por una vía u otra, puedo tener acceso, para comprobar por mí mismo en qué para todo esto de los cotos privados controlados por los pueblerinos y cuál es el porvenir de la patirroja en la región. Tras el cacerío de ayer, más bien sórdido, vuelvo a decir lo mismo de siempre pero acentuando los ribetes patéticos: el futuro de la perdiz lo veo mal, decididamente sombrío, por estos labrantíos nuestros antaño pródigos y generosos. Y a esta experiencia le doy bastante importancia ya que la Dehesa de Matanzas —donde cazamos— está enclavada en un triángulo de brillante tradición perdicera cuyos ángulos son Astudillo, Torquemada y Quintana del Puente. Los tres son términos de cereal —y alguna huerta en los bajos— con valientes laderas de roble, mancha parda que se extiende por los altos para formar un monte de bastante entidad, donde el jabalí, como era de esperar, ha hallado gustoso acomodo.

Los propietarios de la Dehesa se han metido en una labor de chinos, ya que en el límite de Astudillo han levantado los matos y abierto una isla considerable. Las máquinas han desnudado un suelo ingrato, una auténtica pedriza, de manera que ahora tendrán que afrontar una dura tarea de despedregamiento si aspiran a poner aquello en cultivo. Muy arduo todo a efectos agrícolas pero que podría haber resultado favorable para la proliferación de la perdiz, cosa que está muy lejos de haber sucedido según se deduce de nuestra descubierta de ayer, ya que una cuadrilla de cinco, durante una larga mañana, apenas si movió tres bandos de poco fuste, para terminar colgando dos patirrojas, una chocha, una liebre y un conejo. Ciertamente no tiramos bien, pero si el promedio de disparos no pasó de tres por barba, tampoco se piense que de estar más afortunados el resultado hubiera cambiado mucho. Tampoco las otras dos partidas con las que nos topamos a mediodía habían tirado más ni sus morrales eran más pingües, lo que quiere decir que la población de perdiz por estos pagos está muy recortada ya que el día —abierto y soleado— no podía ser más propicio para la caza.

La excursión, por otro lado, sirvió para confirmar las afirmaciones de mi amigo el doctor Porro sobre el asentamiento de becadas en estas laderas, puesto que a lo largo del día, entre unos y otros, levantamos ocho aunque sólo acertáramos a colgar una, ya que el monte, intrincado y muy alto, no facilita el tiro.

Empezar por el final
(14 enero 1973)

La tremenda oscuridad del día invita a pensar que de no haber sido por el cierzo intermitente, racheado, de una frialdad glacial, Santa María nos hubiera obsequiado con la primera nevada del año. Al acentuarse las ráfagas, a medida que avanzaba el día, el cielo contuvo su llanto, siquiera la luz mortecina, decididamente crepuscular, no facilitó nuestra tarea. Este zarzagán llega tras una semana larga de heladas, escarchas y nieblas con un cambio repentino a la suavidad y la bonanza el pasado viernes. Doy estas precisiones por si algún perdicero experimentado puede relacionar todo esto con el singular comportamiento de la perdiz esta mañana. Y manejo el adjetivo *singular* por no utilizar el de *insólito*, mucho más contundente, siquiera yo mentiría si afirmase que en mis dilatados años de cazador he visto algo parecido a esto.

—Arránquese de una vez, coño. ¿Qué es lo que les ha ocurrido a ustedes?

La novedad se formula en un decir Jesús, pero ello no es obstáculo para que se preste a toda suerte de elucubraciones, ya que el comportamiento de la perdiz en Santa María ha sido exactamente opuesto al que ha seguido siempre aquí y en toda tierra de garbanzos.

Es sabido que la perdiz, mientras no se la hostiga, divaga en bandos más o menos numerosos, con lo que el método usual del cazador en mano consiste en desperdigarlas por las malezas próximas para sorprenderlas luego una a una que es cuando esperan. La perdiz, ordinariamente, va de la concentración a la dispersión. Que se logre ésta, o que se produzca en mayor o menor medida, ya es otro cantar.

143

Lo que va contra toda lógica cinegética es lo sucedido hoy en Santa María, esto es, que uno se apee del coche e inicie la caminata —sin que nadie le haya tomado la delantera— y empiece a levantar una perdiz solitaria aquí, otra allá y otra un poco más lejos. Perdices aisladas, sin relación entre sí. Esto explica que en la primera hora bajáramos cinco de las seis patirrojas que íbamos a conseguir en toda la jornada. Porque la segunda parte es que estas perdices solitarias, una vez voladas, de no cortarlas, propendían a un agrupamiento inmediato y general; la una buscaba a la otra. De este modo, durante la mano de ida por la ladera, no levantamos más que perdices aisladas mientras que de vuelta por los bajos no vimos más que tres bandos pero a cuál más denso. Por eso lo que logramos en los primeros envites no lo conseguimos después, ya que estos bandos, integrados ante nuestro acoso, no se desperdigaron durante el resto del día. Y no sólo no se rompieron, sino que con una estrategia defensiva muy propia de finales de temporada, se desplazaban de siembra a barbecho y de barbecho a siembra, sin dejar de dar la cara. (Mentira parece, pero habiendo visto más de cien perdices en la mano de retorno, ni una sola aguardó en un perdido o una lindera.)

Y ahí queda eso, el extraño fenómeno, para quien sepa explicarlo. Nuestro cacerío ha sido un cacerío invertido que se inició por el final —pájaros diseminados— y terminó por el principio —pájaros aglutinados en bandos que hemos sido incapaces de romper a lo largo de la jornada.

El viento y el raposo
(21 enero 1973)

A efectos de clima bien puede asegurarse que cuando en enero sale un día malo no suele haberlo peor. Los elementos que pueden perturbar la jornada cinegética en el primer mes del año son de lo más surtido: desde la falta de visibilidad por cielo bajo y neblinoso, a la helada despiadada —los 20 grados negativos del 70— pasando por la nieve, el cierzo congelador o la cellisca. Concretamente el domingo lo estropearon el viento y las nubes; nubes galopantes, densísimas, arrastradas por un viento que llegó a alcanzar los setenta kilómetros a la hora. Estas circunstancias nos invitaron a entrematarnos en el sardón de Villanueva de Duero, precaución que sirvió de bien poco ya que el cierzo se mostraba tan insidioso que le buscaba a uno detrás de cada carrasca, por lo que ni en lo más espeso del monte se encontraba cobijo adecuado.

De estos días, cabe decir, parafraseando la sentencia que se aplica al pescador de río revuelto, que a día revuelto ganancia de cazadores. Entiéndaseme, no es que pretenda decir que estos días sean congruentes para la escopeta —¿quién sujeta a una perdiz en una ladera bajo este vendaval desflecado?—, pero sí que el bramido del viento y los crujidos de las carrascas amortiguan el ruido de nuestros pasos y pueden depararnos más de una sorpresa en lo que al pelo se refiere.

En este cacerío hice una observación interesante: la liebre matiza mejor los ruidos que el raposo y el conejo. Esto explica que viésemos docenas de liebres, todas levantadas, muy largas, en tanto el gazapo aguardó a que nos personásemos para arrancarse. El hecho de que parásemos media docena, no significa, pues, que viésemos más que otros días, sino que los que vimos eran más cazables; arrancaban a tiro. Pero lo verdaderamente reseñable de la jornada es que tres escopetas en mano acertaran a derribar dos raposos, cosa infrecuente, o que a mí, al menos, no me había sucedido nunca. Y aunque ambos fueron muertos en circunstancias distintas, observé una coincidencia: la dirección de fuga de uno y otro era idéntica, los dos llevaban el viento en la oreja izquierda. El primero le entró inesperadamente a mi hermano Manolo en lo alto, sin saber de dónde procedía, y al segundo, que cayó en la corta, le divisó mi hijo Germán gazapeando a ciento cincuenta metros de la mano. El animal barzoneaba tranquilamente, al parecer huyendo de mí que iba en el centro. Tras unos minutos de indecisión, intuyendo que yo era el último de la mano, trató de eludirme por la derecha, momento que aprovechó Germán, oculto tras una mata, para dejarle aproximar y descerrajarle un tiro a quemarropa.

Ambos raposos son machos, y la identidad de pelaje —muy rojo en el lomo y negro carbón en las orejas y los extremos de las patas— dejan presumir que de una misma camada. Bien pensado, esta extraña jornada responde a una lógica concatenación: el conejo se atonta con el viento. El zorro aprovecha el atontamiento del conejo y, a la vez, se desconcierta con el vendaval. Y, finalmente, el cazador, aprovecha el desconcierto del raposo para hacerse con él. Con toda seguridad, de haberlo planeado meticulosamente no habría salido mejor.

Falló Ventosilla
(28 enero 1973)

Acudimos a La Ventosilla, a la cita de Joaco Velasco, con gran ilusión. Después de los dos caceríos del año pasado pensábamos que tirar treinta o cuarenta tiros a los conejos estaba al alcance de cualquiera. ¡Qué gran decepción! A la hora de almorzar, yo había tirado un tiro y Manolo y Luis muy poco más. En resumen, dos gazapos contra los veintidós, cinco liebres, y tres perdices que cobramos el año pasado el primer día. ¿La mixomatosis? Mucho más elemental que todo eso: los ceperos. Joaco tiene permiso para entresacar conejos todo el año. En esta época —otoño e invierno— el promedio diario de conejos entrampados suele oscilar entre cincuenta y setenta. Si el año pasado vinimos aquí a fines de octubre y esta temporada lo hemos hecho concluyendo enero, hay una diferencia de casi un centenar de días que multiplicados por 60 nos da la respetable cifra de 6.000 gazapos. Hay que pensar que el hecho de que el monte tenga ahora 6.000 conejos menos que en octubre —y también menos liebre— justifica la inoperancia de hoy.

En cuanto a la ausencia de perdiz, aparte la baja general de esta temporada, no quiere decir nada: sencillamente no hemos dado con ellas porque tampoco las hemos buscado. Menos mal que la mesa de La Ventosilla —truchas de Buitrago y un lechazo asado muy en su punto— le hacen a uno olvidarse en seguida de los desdenes del monte. De otro modo, como dice Joaco, el remedio es fácil: «Al año que viene os venís antes».

Decepcionante remate
(4 febrero 1973)

Afortunadamente esto se acabó. Y creo que es la primera vez en mi vida que recibo con alivio el final de temporada. La cacería última ha sido el broche melancólico de una triste temporada. Día a día, la constatación de que la caza menor desaparece en la Vieja Castilla ha sido motivo de sombrías reflexiones y descorazonadas pláticas entre los miembros de la cuadrilla. La caza no va a poder sobrevivir a la mecanización, la química, la ordenación agraria y los errores de su propia regulación. Ante un panorama tan cerrado, el cazador fetén se arruga; no puede sino echarse a temblar. ¿Qué hacer si la caza se extingue? Aún queda el campo para que usted se pasee, aducirá alguno. Pero ¿estamos seguros de que la naturaleza va a poder convivir con este tipo de progreso? Y ¿no son las perdices y las liebres parte integrante de esa naturaleza? Y, por contra, ¿son naturales los insecticidas, los herbicidas, los detritus industriales, las urbanizaciones, etcétera, etcétera? Mal asunto éste, ciertamente. Y, para mayor escarnio, la jornada de despedida ha sido un día espléndido, despejado y quedo, al que no cabe hacerle el menor reproche. Tras las últimas borrascas, el viento amainó y el cielo despejó de forma que en Santa María del Campo pudimos cazar en mangas de camisa. Tan favorables circunstancias me llevaron a concebir algunas esperanzas. La estrategia a desplegar era, además, ambiciosa: manear la ladera encarada al norte hasta mediodía, regresar por los bajos y coger las laderas de enfrente hasta las tres o cuatro de la tarde. Objetivo: una docena de perdices. No obstante, las derrotadas cuatro escopetas que componíamos la mano, nos reunimos una hora antes de lo

148

previsto en el automóvil con dos perdices, tres palomas domésticas que sorprendimos en los barbechos y dos liebres. Morral insignificante pero la caminata tampoco dio para más. La ladera inicial, que hace unos meses parecía parir perdices, ofreció un mutismo exasperante. Alguna perdiz suelta y resabiada a doscientos metros y pare usted de contar. Bandos, lo que se dice bandos, ni uno. De este modo cuando a mediodía cambiamos de cazadero, íbamos cansinos y cabizbajos. Germán con una patirroja que descolgó en los altos, Juan con dos palomas de carambola y yo con un liebrón de tres kilos que se me arrancó un si es no es largo en un barbecho de cavones como cerros. Y todavía más lamentable que el morral fue el breve cambio de impresiones: ni Germán había visto perdices en el páramo, ni Juan en el bocacerral, ni Manolo en la ladera, ni yo en las labores de la nava: no las había.

Para completar la función, camino de la segunda ladera, Manolo alicortó una perdiz que, pese a nuestras carreras frenéticas, pudo alcanzar un perdido de aulagas donde desapareció de nuestra vista. La mancha no era extensa e imaginamos que bastaría arrimar a los perros para dar con ella. Ingenua ilusión. El *Choc* y la *Dina*, la *Dina* y el *Choc*, jadeantes y extenuados, ni siquiera hicieron por ella. Visto lo visto, hay que admitir que los perros de caza puedan llegar a perder la ilusión. ¿Cómo es posible, si no, que esta perrita que hace apenas cuatro semanas acusaba una perdiz a doscientos metros, pueda, como quien dice, estar pisando una alicorta sin inmutarse? ¿Cómo aceptar que este indiferente *Choc* sea el mismo que la temporada pasada realizó la magistral hazaña de la junquera? Una y otro eran hoy dos despojos. Aparte la ausencia de caza, creo que a estos animales les hemos cebado demasiado.

El perro de caza debe dejar traslucir los costillares bajo la piel; y en éstos no sólo no se traslucen, sino que los tienen bien recubiertos de grasa. Y así no puede ser. Porque lo más deprimente aún no lo he narrado. Y es que cuando andábamos a vueltas con la perdiz perdida, Luis, el guarda, voló otra en las cuestas que nos sobrevoló a mucha altura, pero yo, cansado de la dieta, la tomé rápidamente los puntos, corrí la mano a lo loco y solté la rociada. El pájaro cayó como un trapo sobre las aulagas que registrábamos, pero por más vueltas que las dimos tampoco apareció.

No es extraño, después de esta doble contrariedad, que tomáramos la mano por la segunda ladera sin fe y sin entusiasmo. Manolo y yo no volvimos a descargar las escopetas. Y como mal menor, Germán hizo una paloma arriba, en la pestaña, y Juanito una perdiz y una liebre en los cárcavos. La jornada, como digo, resultó decepcionante y la cuadrilla aceptó el cierre de la temporada casi, casi con alivio.

Una vez en casa, al consultar mi agenda, me doy cuenta de las poderosas razones en que se funda mi pesimismo. Tal día como hoy, el año pasado, en el mismo cazadero y con las mismas escopetas, hicimos doce perdices, una liebre, un conejo y una becada. Pero las perspectivas son aún más sombrías si analizamos la labor de la cuadrilla a lo largo de la temporada, considerando que hemos visitado más cazaderos que el año pasado y que el conjunto de jornadas hábiles viene a ser el mismo en uno y en otra. Los ochenta días de caza que entre toda la tropa sumamos en la temporada 1971-72, nos dieron. un total de 298 piezas, esto es, 3,7 por escopeta y día. Este año, en 79 jornadas, lo cobrado alcanza la cifra de 166, con un promedio de 2,1 piezas por cabeza y día, es decir, poco más de la mitad. Peor aún es el

parangón referido en exclusiva a la patirroja: 158 en
1972 contra 65 en 1973. Por supuesto, tampoco el
pelo nos saca de pobres: liebres, 49 contra 37 y conejos 68 contra 46. ¿Qué ocurre con el conejo? ¿Y con
la liebre? Resumiendo, que tan sólo el casillero de
varios nos da este año un saldo favorable en compa-
ración con el anterior: cinco frente a tres. Y esto es
debido al par de raposos que cobramos en Villanueva
el pasado 21 de enero. Pero lo exiguo de estos gua-
rismos (5-3) no dice nada en ningún sentido.

La codorniz otra vez
(26 agosto 1973)

En la provincia de Burgos se produjo de nuevo la
explosión cinegética habitual con motivo de la apertura de la media veda. Sabe Dios los vehículos que se
movilizaron por estas tierras, en resumidas cuentas
para nada. Porque si hace doce días el comienzo de
la temporada en Valladolid y Segovia demostró que
no habían entrado pájaros, hoy las cosas, en Burgos,
ciertamente no nos hicieron cambiar de opinión. Según los periódicos, en Valladolid el día 15 no fueron
pocas las escopetas que se volvieron bolos; en Burgos
la cosa no ha llegado a tanto, pero según una en-
cuesta realizada por mí en algunos pueblos de la
provincia el promedio de piezas abatidas por cazador osciló entre cinco y diez. Estas cifras, por sabido,
son muy elásticas, es decir, no tiene nada de particular que el cazador solitario que con un par de buenos
perros registra arroyos y junqueras, llegue a colgar
docena y media de pájaros. Mas como, de ordinario,
el cazador va en compañía, lo que hace es repartir
con su pareja la gracia de Dios. La codorniz ya sabe-

151

mos lo que da de sí: por regla general, codorniz puesta, codorniz muerta. Tanto da que las escopetas sean dos que media docena, ya que abatir un pájaro de estos encierra poca ciencia y si el perro los marca basta una carabina discreta para bajar lo que le echen. Si las escopetas son varias, la cuestión estriba en racionar equitativamente las existencias (ahora tiras tú y luego yo), pero el hecho de que el grupo sea numeroso, no modifica sustancialmente las posibilidades de aumentar la percha.

No procede, creo yo, repetir lo que vengo diciendo desde hace dos temporadas sobre las probables causas de la reducción de la entrada de codorniz en Castilla, pero tampoco estará de más añadir otra, y no manca: la paulatina extensión de los cereales de ciclo corto por estos pagos. Antaño, en Castilla, tanto el trigo como la cebada, se tiraban aprovechando el primer tempero otoñal, allá para mediados de octubre, y de este modo, para abril o mayo, fecha de las inmigraciones de estos pájaros, los campos componían una densa alfombra vegetal, muy apta para cobijar sus primeros amores. Ahora se han inventado unas semillas que se convierten en espigas en apenas cuatro meses, con lo que si éstas se tiran en marzo, en abril apenas han apuntado. Entonces la codorniz que requiere un resguardo, se echa a los herbazales y malezas, aunque no tenga grano cerca. Esto explica que mi hijo Juan abatiera en poco más de una hora una docena de pájaros el día de la Asunción en el alfalfar de un amigo, mientras otras escopetas se escornaban en los rastrojos a dos kilómetros de distancia sin lograr volar uno. Estos inventos de híbridos y semillas de ciclo corto, vendrán a aliviar los problemas de alimentación del mundo, eso no lo discuto, pero están trastocando el campo, las migraciones de aves, la ecología y todo aquello que dependía de un orden cíclico natural. Consecuencia inmediata: la inmigración de codorniz es hoy más escasa y más tardía. Y, consecuencia de esta consecuencia: en agosto, la codorniz que se caza en los rastrojos es mínima —pollastres por hacer— en tanto los ejemplares refugiados en los cereales pinados de Burgos y Álava aún andan dando el pal-pa-lá y haciéndose el amor como si estuvieran en mayo. (Dos semanas antes de la apertura, yo me entretuve en subir a las siembras de los páramos burgaleses, aún sin segar y me sorprendieron los diálogos crepusculares de las codornices, en pleno celo, cuando hace pocos años por estas fechas se iniciaban los preparativos de emigración de unos pollos nacidos dos o tres meses antes. Ayer, en Santa María, unos amigos alaveses me confirmaron que en Vitoria viene sucediendo lo mismo de unos años a esta parte. He aquí una alteración de las viejas costumbres de estas aves que puede aclararnos muchas cosas.)

De modo que la iniciación de la temporada fue mala sin paliativos; lo único aceptable de la jornada fue el tiempo, soleado pero sin canícula, con una agradable brisa del norte. Gracias a ella, los pájaros salían solos y ello nos salvó de un fracaso rotundo y total porque ayer trabajamos el campo prácticamente sin perros, ya que el *Dumbo*, el hermoso *pointer* de mi hermano José, evidenció sus facultades —hizo una muestra de libro— pero no está cazado, y al *Choc* le dio perezosa En estas condiciones eché mucho en falta a la *Dina*, tan fiel, tan laboriosa, que se quedó en casa con la leche de una mama enquistada, tras su última maternidad. Resumen: Pateando rastrojos cuatro escopetas durante más de diez horas, logramos un ramo de dos docenas y media de codornices. Personalmente tuve una gran satisfacción: haber abatido ocho pájaros de ocho disparos. No es fácil que si hubieran sido ocho docenas pudiera decir lo mismo, pero, en cualquier caso, el hecho no es frecuente. Puesto en el trance de buscar precedente habría de remontarme a la temporada 1964-65, en Villa Esther, metidos ya en enero, en que colgué tres perdices y aculé dos liebres con cinco cartuchos. Partir con el campo ya es un buen promedio, pero colgar tantas piezas como disparos se hacen es algo que ni en la codorniz, de tiro facilón, suele producirse. Éste es el aspecto bueno de la caza, que nunca falta algo que nos sirva de consuelo.

Adiós a la Dina
(12 octubre 1973)

La perrita *Dina* no acudió a la inauguración de la nueva temporada en Sedano. El animal no pudo con el quiste de mama que, al decir del veterinario, degeneró en tumor y, para evitarle sufrimientos inútiles, aceptamos que la suprimiera mediante una inyección. La perrita murió instantáneamente, sin convulsiones, como si se durmiese. Pero es ahora, en este momento, al reanudar la caza, cuando la muerte de la *Dina* se me hace más patente y dolorosa. En las laderas de Mozuelos, según avanzaba entre las aulagas y los robles, echaba de menos a la perra, su mesurado —nunca se alargó— correteo, sus altos periódicos, su mirada cómplice. La *Dina* es, sin ninguna duda, el can más completo que hemos tenido en los últimos veinticinco años. Su arte para cazar la codorniz, particularmente en la primera mitad de su vida, no tenía rival. Su registro tenaz pero no insistente, su instinto para encarar la brisa y coger los vientos, su aproximación sigilosa a la pieza y su mirada desde el vértice del ojo, como interrogando al cazador si estaba dispuesto, era todo un curso de bien cazar. Nunca fue un perro alocado y corretón, como es el *Choc*, sino un animal reposado, con una afición muy viva pero controlada, avispado para la cobra y con unas admirables facultades de adaptación. La *Dina*, por ejemplo, a causa de la mixomatosis, nunca tuvo oportunidad de cazar conejos, pero hace un par de años, que empezaron a levantar cabeza, se hizo cargo de la situación inmediatamente, e iba de carrasca en carrasca, en una labor de inspección rápida y metódica, para ponerse de muestra allí donde le daban los vientos. Poco a poco penetraba en la mata, achuchaba al gazapo y le sacaba por el claro para que el cazador le parase. La *Dina*, pese a sus malas pulgas —no congeniaba con los intrusos—, era uno de los perros de caza más sagaces que he conocido. Ahora me viene a la memoria la perdiz alicorta que me cobró en Santa María, una mañana que nos sorprendió la nevada en los altos. El entramado de linderas y arroyos era tan intrincado que entre esto y la nieve que ya cubría el suelo, pensé que todo intento de cobra resultaría inútil. Bastó, empero, que pusiera a la perrita en las huellas, para que ella iniciara su inteligente trabajo y desdeñando un arroyo y tomando otro, decidiendo en las encrucijadas sin vacilación, alcanzó un ribazo doscientos metros más abajo, olfateó con insistencia y, finalmente, se puso de muestra. Allí, entre las altas pajas, estaba agazapada la perdiz, que ella, al sentirse azuzada, tomó delicadamente entre los dientes y la llevó donde yo me encontraba. ¡Inolvidable faena! Todo son evocaciones ahora. Evocaciones de los buenos tiempos y evocaciones de la decadencia, cuando las codornices se la corrían entre las patas y ella se desesperaba, o la muestra de la perdiz que se arrancaba larga sin que la perra, sorda y con la vista ya debilitada, se enterase.

Todo esto lo iba rumiando yo por los laderones de Sedano ante la desesperante escasez de perdiz. Escasez inesperada por cuanto durante el viaje, en la parte de Sasamón y Villadiego, tropezamos con seis o siete bandos muy nutridos junto a la carretera, prueba de que no ha criado mal. En Sedano, sin embargo, por las razones que sean, y conforme constaté ya la temporada pasada, la patirroja va a menos. Aún recuerdo que hace veinte años, cuando vine a este pueblo a reponerme de un ganglio, cobré tres perdices a la vera de la iglesia en menos de lo que se tarda en decirlo y, por supuesto, sin recorrer más de un kilómetro. Hoy para llegar a cinco, entre cinco escopetas, necesitamos más de cinco horas, cifra verdaderamente descorazonadora en el día de la apertura.

Un nuevo cazador
(21 octubre 1973)

Sucesivos contratiempos familiares estropearon los proyectos del pasado domingo y éste, pese a que los problemas continúan sin resolverse, decidimos llegarnos a Villanueva de Duero a estirar las piernas. Ciertamente fue poco más que un paseo, ya que nos pusimos en línea a las diez y media de la mañana y lo dejamos a las dos con objeto de presenciar el Yugoslavia-España de fútbol en casa del señor Emiliano mientras comíamos. Pero tanto el partido como el garbeo resultaron vivos e interesantes, ya que la bellota de las carrascas, muy abundante este año, atrajo a las torcaces y las zuritas. Mal que bien, y pese a que estos palomos comen mucho plomo, colgamos

156

media docena y acomodamos cuatro rabonas en el macuto. Incomprensiblemente no llegamos a tirar a un solo conejo pese a que al atravesar la finca en coche, vimos gran número de ellos, especialmente en el soto.

El número del día nos lo deparó mi hijo Adolfo, debutante de trece años, cuyo *curriculum* cinegético podía resumirse hasta la fecha en dos docenas de gorriones y algún tordo, abatidos con carabina de aire comprimido, y una codorniz que colgó hace dos veranos en los rastrojos de Santa María del Campo. Su virginidad cinegética era, pues, casi total, ya que, por diversas circunstancias, tampoco nos había acompañado apenas de morralero. Bueno, pues el chico, armado con una escopeta de un tubo, del 16 —primera arma seria que utilizan mis hijos en estos empeños—, logró derribar una liebre y, lo que ya es más meritorio, un hermoso zorro rojo. Esto me lleva al convencimiento de que esto de la caza se mama. Lo mamé yo y ahora lo maman mis hijos. Y no es lo mismo sacar al campo a un chaval que ha convivido con cazadores, perros y escopetas, que ha asistido a tertulias cinegéticas, que ha visto, en fin, en el fenómeno de la caza una acción humana habitual, que a otro que desconoce cómo vuela una perdiz o cómo se arma una escopeta. Abatir un zorro a las primeras de cambio revela un temple y una serenidad de cazador nato. Es imaginable el alborozo del joven matador cuyo afortunado debut anuncia, si no me equivoco, otra escopeta de primera calidad.

En lo que personalmente me concierne, he de consignar una experiencia inédita: derribar una torcaz a gran altura, aguardándola de espalda, mientras rebasaba el disco refulgente del sol para evitar el deslumbramiento. Esta precaución la he adoptado a

157

veces con perdices y palomas, pero nunca me había dado resultado quizá porque en estas circunstancias resulta casi inevitable dejar el tiro corto. La torcaz de esta mañana se desplomó espectacularmente, describiendo círculos cada vez más amplios y a un ritmo muy lento, casi cadencioso, como si cayera en paracaídas. Recuerdo que otro palomo me hizo un número semejante el otoño pasado en Las Gordillas.

Siete perdices
(28 octubre 1973)

¡Siete perdices en una mañana! ¿Hay quien dé más? ¿Cuánto tiempo hacía que no sentía yo pendular siete pájaros en mi costado? Probablemente más de un año, ya que el pasado la patirroja crió mal y no recuerdo que el día más afortunado montara la media docena. Santa María del Campo presenta este año, en cambio, un formidable aspecto. La perdiz se ha desdoblado bien y en laderas y navazos, los bandos, muy nutridos todavía, ofrecen abundantes oportunidades. El día, por otra parte, se presentó favorable pese al sombrío augurio de los arúspices. Las lluvias no llegaron, ya que, salvo alguna nube inapreciable, blanca y sin consistencia, el cielo se mantuvo despejado durante toda la jornada. Pese a ello, la perdiz, muy hostigada en días anteriores, no rompió bien, se obstinó en apiñarse y no fue tarea fácil fraccionar los bandos. Claro que la cuadrilla era de tres escopetas y tres escopetas en estas extensiones pasan poco menos que inadvertidas.

De modo que los bandos saltaron de una vaguada a otra, de un cerro a otro cerro, sin desgajarse, lo que equivale a decir, largos, con lo que hubimos de armar los ramos, con constancia y parsimonia, a base de perdices aisladas o irrumpiendo a la asomada en los desniveles. De mis siete víctimas, únicamente dos me arrancaron al paso, en los terrones de un cabezo de greda muy querencioso, tal que si fueran codornices. A mi hermano y a mi hijo Juan les sucedió lo propio y es que la perdiz de estos pagos ha aprendido algo tan elemental como que la unión hace la fuerza y que son los bandos divididos y los pájaros acostados en arroyos y espuendas los que facilitan la matanza. El resto de mis presas lo conseguí a costa de pájaros volados por mi vecino de mano o que calcularon mal las distancias. De todas formas, siete pelotazos le dejan a uno más que saciado y optimista. Y aún me queda la duda de si no serían ocho, ya que al tirar a una perdiz desde los bajos de la ladera me dio la impresión de que picaba tras el desmonte, pero mi hermano Manolo, arriba, me dijo por señas que había proseguido. Mi rabia fue grande cuando al juntarnos, una hora después, me aclaró que «únicamente iba una perdiz» cuando eran dos las que yo había volado.

Espectáculo interesante fue la captura de una liebre por el *Choc* que había sido levemente plomeada. Presencié la carrera desde los bajos de la nava, cuando mis compañeros, ajenos al lance, reanudaban la marcha pensando que no la habían tocado. Fue una competencia forzada y vistosa que concluyó con el triunfo del perro. El asombro de la cuadrilla fue grande cuando les voceé que el *Choc* llevaba la liebre en la boca. Al pelo tirado de través no debe quitársele ojo mientras se pueda. Basta un plomo de sexta para disminuir a un bicho de éstos. Y un animal disminuido es fácil presa para un can fuerte y tesonero. Yo sospecho que más de la mitad del pelo que escapa va tocado. El sardón o la madriguera le salva con frecuencia, pero si el hecho se produce en un descampado, la cobra, con un poco de vista, no ofrece dificultades.

Cotos sociales
(4 noviembre 1973)

Por primera vez hemos tenido oportunidad de cazar en un coto social: Sevilleja de la Jara en la provincia de Toledo. Jorge de la Peña nos animó en diciembre pasado a solicitarlo, pero como para llegar allá, desde Valladolid, ha de salvar uno los puertos de la Menga y El Pico, a menudo intransitables por la nieve, decidimos aplazarlo para este año con la buena fortuna de que el sorteo nos favoreció para abrir en él la temporada el primer domingo de noviembre. Y allí acudimos mis hijos, mi hermano y yo a reunirnos con Alejandro Royo Villanova con quien llevo tres años tratando de compartir una cacería. La jornada fue un éxito, ya que aparte el tiempo —un claro entre nubes aterradoras— y la compañía, a mediodía habíamos hecho ya el cupo autorizado: 25 perdices, 10 liebres y un conejo, esto es, treinta y seis piezas (seis por barba). Miguel, mi hijo, se apuntó una docena, Alejandro Royo demostró su puntería y su experiencia venatoria parando una liebre atravesada a no menos de noventa metros y cobrando ocho piezas, y yo, por aquello de no tener que deber nada a nadie, me vine para casa con seis perdicitas; ni una más ni una menos de las que me correspondían.

Pero con ser mucho lo que me entretuve en los rastrojos y jarales de Sevilleja —¡qué invasión de liebres, Señor mío!—, se me hizo aún más interesante el entramado y organización de estos cotos que con el tiempo pueden ser la solución —aunque incompleta— del problema de la caza en este país. En España, la cinegética, como otras muchas cosas, empezó a hacerse cuestión con la inesperada explosión de escopeteros. Aquí todo Dios quiere cazar sea o no sea verdadero cazador. Las licencias que se expenden se aproximan al millón, pero no pasan de ser unos curiosos papeles que otorgan a su titular un derecho más bien teórico puesto que apenas queda en nuestra geografía una hectárea libre para ejercitar este deporte. La nueva ley ha puesto la caza en manos de los pueblerinos y los ricos, es decir, la caza —fuera de las grandes fincas privadas— es de los términos municipales y éstos la ceden al mejor postor o se quedan con ella para satisfacer a las escopetas locales. En definitiva, en España caza hoy, a lo grande, el que dispone de veinte o treinta billetes para reservarse una plaza en un ojeo en Toledo o Ciudad Real y, a lo pequeño, aquel que ha adquirido una acción en un coto modesto o es vecino de un pueblo cuya caza le pertenece. El problema empieza, pues, con los cazadores urbanos. ¿Qué hace el cazador de Valladolid, Bilbao o Madrid que, por las circunstancias que sean, no ha tenido acceso a un acotado? Cazar en su término municipal; es el único recurso que la ley le concede. Pero ¿cómo cobijar en cuatro o cinco mil hectáreas, de un suelo las más de las veces domesticado y poblado de industrias y granjas, la afición de ocho, doce o veinte mil escopetas? En palabras sencillas, he aquí el verdadero nudo de la cuestión. Y en este punto es donde el aficionado vuelve sus ojos esperanzados a los cotos sociales, terrenos controlados por el Estado, custodiados por una guardería eficaz y con caza garantizada.

El revientafiestas, que nunca falta, argüirá que los cotos sociales cuestan una pasta, pero yo pienso que a estas alturas aspirar a divertirse sin gastar una peseta es una quimera. Empiezo por repetir lo que ya he dicho hace mucho tiempo: para mí la plena dicha cinegética deriva del hecho de sentirme un hombre libre, sobre un campo libre y contra una pieza libre, pero tras la última explosión demográfica uno se pregunta: ¿dónde queda, cinegéticamente hablando, un hombre libre, una tierra libre y una pieza libre? Seamos francos: en ninguna parte. La libertad cinegética, como tantas otras libertades, se acabó con la guerra. Hoy, todo, absolutamente todo, es una cuestión de burocracia y papeles. Todo está reglamentado. De modo que de lo que se trata es de que el cazador, aunque no esté ya en condiciones de alcanzar una satisfacción cinegética plena, pueda cazar todavía algún día en alguna parte.

Admitido lo que antecede, parece de cajón que la caza cueste algún dinero. ¿Cuánto? Yo, con perdón, pienso que los cotos sociales se han puesto en un plan muy asequible. Pretendo sugerir que el aficionado a la escopeta puede pasar un magnífico día de caza sin un desembolso superior al que hace cada domingo un aficionado al fútbol o un aficionado a los toros. Iría aún más lejos. Creo que, tirando un poco de la cuerda, y con una pizca de fortuna, una cuadrilla de medianas escopetas puede salir a pre —cartuchería aparte— cazando en un coto social. Hagamos números: el acceso de una cuadrilla de seis a uno de estos cotos cuesta 300, 450 o 600 pesetas según que sus componentes sean de la localidad, de la provincia o de fuera de la provincia en que el coto está enclavado. Cada una de estas cuadrillas —controladas por un guarda o guía— está autorizada a cobrar treinta y seis piezas. Al concluir el cacería, se verifica el recuento y la partida abonará, además de la cuota de acceso, 45 pesetas por pieza abatida. En

162

una palabra, en nuestro caso, abonamos en Sevilleja de la Jara, 600 pesetas de ingreso, más 1.620 pesetas por cazas muertas, esto es, 2.220 pesetas. Ahora bien, si calculamos en veinticinco duros el valor de la perdiz, cuarenta el de una liebre y veinte el de un conejo, resultan que nuestro morral del domingo importaba 5.225 pesetas, lo que da un superávit, para gasolina, comida, alojamiento, etc., de 3.005 pesetas.

Estas cifras serán aún más compensadoras si la cuadrilla es de la provincia a que el coto pertenece y más aún si está formada por escopetas de la localidad. Se mire por donde se mire, el coto social es una vía justa para resolver —o paliar— el gravísimo problema de la caza en España. Lo malo del asunto es que cotos sociales hay pocos, apenas veinte en toda la península. El hecho, por ejemplo, de que un cazador de Valladolid tenga que desplazarse a Toledo para cazar es una rémora. Lo ideal sería que se establecieran cotos sociales en abundancia y en la mayor parte de las provincias españolas. Las dificultades son muchas, pero, poco a poco, se va progresando y los acotados se extienden. Últimamente han nacido dos en Guadalajara (37.000 hectáreas) y León (52.000) y se proyectan otros nuevos en otras áreas españolas.

La organización en todos ellos es semejante. Sobre un patrón de diez o veinte mil hectáreas, se hacen tantos cuarteles de quinientas, mil o tres mil —según topografías— como el terreno admita. En cada uno de estos cuarteles, con descansos rotatorios, cazará en los días hábiles una cuadrilla que no bajará de cuatro ni subirá de seis escopetas. Esto supone que acotadas cien mil hectáreas en cada provincia, cada festivo podrían cazar allí 1.200 escopetas que, multiplicadas por veinte, nos daría la bonita cifra de 24.000 permisos por año, eso sin contar jueves ni sábados, ni incluir las aves acuáticas —donde proceda—, la codorniz y las especies con reglamentación especial, como la paloma, la ganga, la ortega, el sisón, la avutarda y el jabalí.

Ante estas cifras, convendremos que el establecimiento de cotos sociales es un bien general supuesto que la caza, con ellos, dejará de ser patrimonio de unos pocos. Y el día que se consiga acotar en cada provincia el número de hectáreas que hoy tiene acotadas Toledo, el cazador urbano español experimentará un gran alivio. No podrá, naturalmente, cazar cada domingo en un terreno controlado, pero podrá hacerlo, digamos, una vez al mes. Y el poder cazar a gusto media docena de días al año, siempre será mejor que la actual situación, si no absolutamente cerrada, sí signada para muchos por la impotencia o la incertidumbre.

Descanso entre semana
(12 noviembre 1973)

Hoy amaneció un día radiante y, a falta de compañía, marché solo a las navas de Palenzuela. De entrada las cosas se pusieron mal, ya que, tras salvar un espeso banco de niebla, el coche se me atolló en el camino de los Serranos y perdí media hora en hacer un firme de piedras para que las ruedas traseras agarrasen.

Al llegar al cazadero, observé que Santi y sus amigos me habían ganado por la mano, pero no me importó mucho la postergación porque una escopeta sola mueve inevitablemente pocas perdices y decidí dedicarme a tomar el sol siguiendo las linderas y arroyos de los bajos. Tras las últimas lluvias, el suelo tenía el tempero ideal y el navazo era un trepidante y sordo rumor de tractores arando las tierras. Con tanto vehículo y una mano apretada batiendo el terreno no era fácil ver perdices y, efectivamente, vi pocas y, sobre pocas, desconfiadas. En conjunto no creo que llegara a volar una docena de pájaros y sobre estos pájaros, atajándoles y buscándoles las vueltas, acabé haciendo un ramo decoroso con el mínimo fogueo: cuatro de cinco disparos. Pero lo asombroso es que en ningún momento las perdices se dejaron arrimar —ni al tercer vuelo ni al décimo—, por lo que hube de hacer tiros largos, por no decir larguísimos, tanto que, en dos ocasiones, al ver caer la pieza, yo mismo me quedé sorprendido. Y cuando uno se sorprende de ver caer la perdiz que apunta, algo inusual acontece: o dispara a contrapié, o con la pieza tapada o demasiado largo. Esto último es lo que determinó mi perplejidad esta mañana. Porque la realidad es que la primera patirroja que abatí, levantada de un rastrojo lampiño y en vuelo rasante hacia la ladera, iba ostensiblemente fuera de tiro, pero el temor de volverme a casa con la canana virgen, me impulsó a tomarla los puntos, correr la mano y disparar. El bicho, con un solo perdigón en el cuello, dobló como un trapo. Por simple curiosidad conté los metros que me separaban de ella: setenta y dos. Un tiro casual, sin duda, ya que la última de la serie, a cincuenta y cinco metros, todavía puede considerársele un tiro normal aunque un poco largo.

La jornada, en definitiva, constituyó un relajamiento ideal. A las tres comí a la vera del Arlanza, arrullado por el zumbido de los tractores y los estampidos periódicos que bajaban de la ladera, posiblemente de José Luis Montes bichando a los conejos. A las cuatro regresé a casa y a las cinco y media ya estaba en el periódico.

165

El pechugón
(18 noviembre 1973)

En *El libro de la caza menor* dejé dicho que el cazador nato, ante la desconfianza y la rapidez de la pieza, se siente desafiado. Algo así debe ocurrirle al gato con el ratón. Al venador le basta un animal en movimiento para alterarle, para calentarle la sangre. Y lo mismo puede ser el despabilamiento precipitado de una rabona, que la finta de un conejo junto a una carrasca, que el aleteo metálico, vibrante, de una perdiz en fuga.

El cazador sale al campo, creo que ya está dicho en otras partes, a poner a prueba su resistencia física y su destreza. En ambos terrenos va a competir con la pieza que opone su dificiencia instintiva a la inteligencia del venador. El cazador auténtico comprenderá lo que digo, mientras el que no lo sea no lo entenderá por muchas vueltas que le demos. En la caza anda por medio un desafío inexpresado; es su razón de ser. Y a la arrancada del lepórido o del pájaro, uno, el cazador, responderá con lo que tiene: un tiro. El cazador podrá acertar o no, esto es, el desenlace podrá serle favorable o adverso. Y de que sea lo uno o lo otro, dependerá su satisfacción o el acrecentamiento de sus anhelos de revancha al sentirse burlado.

En la caza de la perdiz roja puede haber, empero, un momento intermedio en el que el desafío queda pendiente: cuando el pájaro es aliquebrado. En este caso, las espadas permanecen en alto: las facultades físicas del cazador y la rapidez y el instinto de ocultación del pájaro han de reñir todavía la última batalla. Es lo que podríamos llamar caza en dos actos, supuesto que la perdiz es un bicho que no se entrega hasta la muerte. En el primero, el hecho de derribarla es un punto a favor del cazador, pero aún queda el segundo, el de la captura. La perdiz es una gallinácea que apeona con una ligereza increíble. No utiliza las alas más que cuando se la acosa; por lo demás, es animal andarín. Por eso si el cazador gana en el primer *round* y la perdiz se viene a tierra pero se incorpora e inicia una loca carrera hacia el perdedero —el monte, una linde de aulagas o una junquera— el desafío que la caza comporta alcanza su cénit. La escopeta ha hecho lo más —cortar el vuelo del pájaro—, pero tal vez en lo menos —la carrera a campo través— pierda definitivamente la partida. En tales circunstancias, la patirroja que apeona parece decir: «Me verás pero no me catarás», y ante semejante menosprecio el cazador se exalta. La situación se agrava cuando el perseguidor aloja más de medio siglo entre pecho y espalda. Entonces se diría que la perdiz en fuga se burla de él: «Corre, corre, que yo aguanto más que tú». En cualquier caso puede afirmarse que el desafío ha llegado a su punto culminante. El venador que sale de naja y va rompiendo cinchas tras la perdiz a peón, sabe que su éxito está aún en el alero, que prácticamente tiene todo en la mano pero que, por unas milésimas de segundo, ese todo puede quedar en nada. Apela, entonces, a sus últimas reservas de energía, imprime velocidad a sus piernas, echa los bofes, apremia a su corazón. Hay que atajar a la perdiz sea como sea antes de que alcance el arroyo o la linde de broza. De no conseguirlo, su acierto al emplomar un ala del animal fugitivo, no sólo no será celebrado por la cuadrilla, sino que constituirá un motivo de chunga.

Al perseguidor le aguijonea, por otra parte, la convicción de que de no apresar a la perdiz, habrá hecho un daño inútil; que esa pieza indefensa no aprovechará a nadie; a lo sumo, al raposo al caer la

167

tarde. Todo esto le insufla en la sangre una vehemencia ciega, una codicia inusual. El todo o nada, el cara o cruz, le empuja a desafiar al infarto y pone alas en sus pies.

Naturalmente, esta pugna que trato de describir carece de sentido cuando se cuenta con un perro de confianza. Las argucias del pájaro alicorto no le valdrán de nada ante las sensibles narices del animal. Bastará que pongamos a éste en el rastro para que dé con ella. Tardará más o menos, pero, si el can es seguro, a la postre, tras sus idas y venidas, tras una serie de vacilaciones y correcciones sobre la marcha, terminará poniéndose de muestra junto a un tomillo o un chaparro y allí, acurrucada, encontraremos a la perdiz. El lance nunca se prolongará demasiado o se nos hace corto debido a su belleza. Lo que sucede es que perros cobradores que merezcan la pena, van quedando pocos; perdiceros, cada día menos. La *Dina*, mi perrita recién desaparecida, junto a días inspirados tenía momentos calamitosos. Ante una perdiz alicorta yo no podía fiarme de ella. Ahora, con el *Choc*, las cosas se han agravado. Esto explica la tremenda chaqueta que me pegué ayer al alicortar a una perdiz descolgada cuando caminaba por media ladera. El pájaro, atravesado, iba muy largo y mi tiro no consiguió otra cosa que hacerle saltar la punta de un ala. La irregularidad de su vuelo a partir del disparo y su pérdida de altura fueron palmarios, pero el bicho, mal que bien, consiguió aterrizar en un rastrojo, en plena nava, a varios centenares de metros de donde yo me encontraba. Mi precaución inicial, antes de lanzarme ladera abajo, fue precisar el lugar. Una vez hecho esto, me arranqué como una exhalación —¡qué juveniles se tornan las piernas de uno con una perdiz en perspectiva!—, salvé la pendiente de aulagas de cuatro zancadas y afronté, con la mayor rapidez posible y el mejor ánimo, una extensa tierra recién arada. No había recorrido la mitad de ésta, cuando divisé a la perdiz en pie, apeonando rauda entre los surcos. El *Choc* corría a mi lado haciendo piruetas, absolutamente indiferente a mis indicaciones. De este modo, tras salvar el barbecho, un majuelo y dos arroyos, mis pulmones empezaron a resollar como una vieja locomotora. Pero seguí corriendo y ganando a la perdiz algún terreno. No obstante, el arroyo al que el animal se dirigía no estaba lejos y yo intuía que de no acelerar la carrera, la patirroja lo alcanzaría antes que yo a ella. Fue entonces cuando la persecución entró en una fase dramática. Ni mi fuelle ni mis piernas daban más de sí, pero advertí que, simultáneamente, flaqueaban el fuelle y las patas de mi contrincante. La perdiz abría el pico al tiempo que yo la boca y tropezaba en los terrones tantas veces como tropezaba yo. Apenas me separaban de ella cincuenta metros pero ya no podía más. Entonces me detuve, traté de atinarla sosteniendo la escopeta entre mis dedos temblones, y disparé al albur. Dadas mis condiciones físicas, y como suele ocurrir en estos casos, ni la tropecé. Intenté andar de nuevo, pero me hallaba tan extenuado que mi jadeo debía oírse en la iglesia de Santa María, cuyas campanas convocaban en ese momento a misa de once. Para mi fortuna, en ese instante, la perdiz cometió una torpeza. Dada su integridad y ante el cansancio de sus patas intentó levantar el vuelo. Su aleteo puso sobre aviso al *Choc*, desorientado hasta aquel momento, quien en una galopada postrera atajó al pobre pájaro y lo atenazó entre sus fuertes mandíbulas. Por pura casualidad, el duelo se había desenlazado con éxito. Esto no significa que yo no arrastrara las consecuencias de la pechada durante todo el día y que, aun en el momento de pergeñar estas líneas,

169

sienta un dolor agudo en la parte baja de los muslos como recuerdo de la captura de una perdiz alicorta en la jornada de ayer.

Luminoso otoño
(22 noviembre 1973)

Fuera de los cuatro días de lluvias torrenciales a primeros de mes, el presente otoño no puede ser más limpio y bonancible. Es un otoño de libro; el prototipo del otoño castellano: cielos rasos y duras heladas nocturnas y un centro del día insolado y piadoso que permite desprenderse del chaleco para pasear por el campo. Estamos, pues, en la época de las sombras blancas, esos días en que la escarcha no se va de los parajes donde no alcanza el sol, jornadas típicas del otoño en la meseta.

Debido, tal vez, al clima, el arbolado, el mezquino arbolado castellano o, por mejor decir, las choperas y pobedas que flanquean ríos y caminos, están teniendo un otoñear de ritmo lento, sumamente vistoso y sugestivo. En los otoños abiertos, de crispados fríos nocturnos, el chopo y el álamo amarillean y se desnudan antes por los bajos que por la copa. Fenómeno extraño ya que lo que el profano imagina es que donde primero ha de faltar la savia es en los altos. Pero, de hecho, no es así, ya que son las crestas de los árboles las únicas que permanecen revestidas de hojas mustias y melancólicas en las alamedas castellanas por estas fechas. Completa esta estampa bucólica, la serenidad del tiempo, calmo y fino, que permite oír de una ladera a otra, con dos kilómetros de nava por medio, los balidos de las ovejas y las voces del gañán.

Bajo tan atractivos auspicios, esta mañana, al levantarme y ver el sol de membrillo columpiándose en la bruma, sentí la irresistible llamada del campo, agarré el coche y marché solo a Santa María. No había terminado de ceñirme la canana, cuando apareció en sentido opuesto el coche de Santi, el fotógrafo, mi consocio de Burgos, que había sentido el mismo impulso que yo a la hora del desayuno. No tuvimos que dialogar mucho para asociarnos y Santi, por más joven, tomó la línea alta de la ladera, mientras yo, según la anchura de aquélla, tiraba por medio o la faldeaba. Mi primera sorpresa fueron las piernas de Santi. Yo ignoraba que este hombre fuese capaz de caminar a un ritmo tan vivo. Y no es que sea viejo, pero a los treinta y cinco años, las laderas ya empiezan a pesar y los pulmones protestan cuando se les somete a una topografía de tiovivo, como es ésta, donde por mor del caprichoso enclave de las tablillas, uno no hace otra cosa que subir y bajar. No obstante, Santi terminó las tres horas y media de cacerío —ambos teníamos que regresar para comer en casa— al mismo paso que las inició, como si no hubiera hecho nada. Por mi parte, le seguí a duras penas. En mi cuadrilla, somos los viejos quienes marcamos la pauta y los chicos se pliegan a nuestra andadura. Santi, brioso y duro como un *pointer* joven, me sacó de mi ritmo habitual y la primera consecuencia fue que las gafas, entre el frío de las sombras y el sudor del rostro, se me empañaban cada dos por tres y yo no daba abasto a pasar la punta del pañuelo por la parte interior de los cristales. La cosa se fue acentuando hasta el extremo que llegué a pensar que no podría hacer blanco así me arrancara un elefante. Menos mal que estas cuestas endiabladas, al encarar el pueblo de Santa María, dibujan profundas vaguadas que me favorecían, ya que los arcos de los

171

altos, que seguía mi compañero, son mucho más amplios que los de la falda.

El botín confirmó lo que hace muchos años vengo diciendo: la caza de la perdiz no es tanto cosa de andar de prisa como de acosar y andar sostenido. Una vez desperdigados los bandos, más que el hecho de caminar a matacaballo vale el saber registrar y asomarse a morros y desmontes con maliciosa astucia. Santi, arriba, con su paso apresurado, bajó una perdiz y un conejo, mientras yo, abajo, rezagándome y frenándole, descolgaba cuatro perdices. En conjunto fue una excursión sabrosa, de pocos tiros pero aprovechados (yo volví a repetir la marca del jueves pasado: cuatro víctimas de cinco disparos).

Y una observación pertinente, valedera, al menos, para estos pagos: la atracción que experimenta la patirroja por los campos recién arados. Hasta hace cosa de una semana, que la nava se llenó de tractores y fue removida de arriba abajo, la perdiz se refugiaba en perdidos y breriales. Los barbechos, demasiado enterizos, no la tentaban. Hoy, con las tierras acolchadas y tibias, buena parte de los bandos andaban en los barbechos. O sea, la perdiz, aunque no vaya tras el tractor como los estorninos y los córvidos, se tira a los campos removidos con verdadera fruición. Lástima que esta mañana no fuéramos cuatro o cinco escopetas con tiempo por delante. Tal como estaba el día y como se distribuyó la perdiz en cuanto la empujamos un poco, hubiéramos hecho un bodegón de antología.

El coto social de León
(2 diciembre 1973)

Digamos para empezar que esto de Valencia de Don Juan no es, desde luego, Sevilleja de la Jara. Aclaremos, sin embargo, que en Sevilleja iniciamos la temporada, en tanto estos cuarteles de Valencia están siendo pateados, y no sólo los festivos, desde hace siete semanas. Para rematar la función no creo que en todo el año cinegético hayamos topado con un día más perro. Las nubes del sábado —que amagaron con poner a mojo la excursión— fueron dispersadas por un viento helador —uno de esos cierzos meseteros que levantan ronchas— que caminaba a una velocidad de más de noventa kilómetros a la hora. Estos vientos, le incapacitan a uno para cualquier ejercicio de precisión, hasta el punto de que en la primera perdiz que tiré, con los ojos lacrimosos y los dedos agarrotados, el disparo escapó antes de que yo oprimiera deliberadamente el gatillo; marchó solo. Empero, el zarzagán, al aventar las nubes, despejó el cielo y a partir del mediodía empezó a sentirse la tibieza del sol —muy relativa— con lo que los miembros se entonaron aunque los ojos no dejaran de lagrimear en toda la jornada. El clima deslució, pues, nuestro primer contacto con este coto social, lo que no obsta para que yo siga pensando que un generoso entramado de cotos sociales a lo largo y ancho de la Península, remediaría buena parte de los problemas que han condenado al ostracismo a millares de escopetas urbanas.

En este coto de Valencia de Don Juan, con 55.000 hectáreas reunidas, caben, concretamente, más de dos centenares de escopetas diarias. Estas escopetas, además, encontrarán el campo mucho más poblado e incitante que antaño, cuando estos términos eran terreno libre y la anarquía se enseñoreaba de ellos. Bastaba, entonces, una docena de autocares durante el primer mes de temporada para, ojeo va, ojeo viene, dejar estos pagos tan arrasados como la palma de la mano. Este campo cuenta hoy con un cerebro que cinegéticamente vela por él, sostiene una vigilancia y organiza la rotación de cazaderos de una manera razonable. Lo que sucede es que la topografía de este coto no es apropiada para la caza en mano. Demasiado abierto, demasiado llano, con ondulaciones imperceptibles, labores y barbechos ininterrumpidos. Apenas llegado a él, uno advierte la ausencia de mataderos. Terreno, en suma, pintiparado para el ojeo, pero tal modalidad de caza, con muy buen acuerdo, está prohibida aquí. Para compensar de tantas dificultades, los cuarteles son de 3.000 hectáreas, esto es, seis veces la extensión de los de Sevilleja de la Jara, medida prudente ya que 500 hectáreas de tierras desamuebladas son muy pocas hectáreas para trastear a la perdiz. Y aun en el mes de octubre, uno cuenta con los majuelos revestidos donde los pájaros fatigados se refugian, pero a estas alturas es menester volarlos y revolarlos —¡y qué vuelos pega la perdiz en esta tierra, Señor mío!— para que alguno aguarde en los pajonales o en la broza de una lindera.

Esto supone que los caceríos en Valencia son caceríos de piernas. La mano de seis escopetas, muy abiertas por un terreno sin fin, fue levantando ayer algunos bandos que, sagazmente conducidos por mi hijo Germán —incorporado a la cuadrilla tras su reciente paternidad—, terminaron cobijándose, al abrigaño, en unos pliegues del terreno donde, mano tras mano, terminamos por colgar siete. Esto, más las cinco palomas que se descuidaron y el par de becacinas que abatieron Juan y Germán en las charquitas de los bajos, hicieron una percha aceptable. Mas la atención y vigilancia del coto de Valencia, se dejó ver en las liebres. Siete aculamos en el macuto, pero puestos a ellas hubiéramos rebasado con holgura las dos docenas. Lo que pasa es que la marcha que exige la perdiz en las tierras abiertas, más bien acelerada, no es la apropiada para levantar rabonas. Cazador de andar ligero, deja las liebres atrás. Prueba de ello fue el número que nos montó el amigo Marciano Casado, práctico que nos guió por el cazadero, al pisar una liebre en la cama después de cantarla y a la vista de todos. Soy sincero si les digo que es ésta la primera vez que veo atrapar una liebre sin otra arma que la suela del zapato.

La tarde tuvo un broche de oro en León, con Aureliano Criado y su esposa, charlando de esto y aquello, ante unas patatas con ternilla que nos preparó Miche con su maestría habitual y que nos sacaron en un momento el frío de los huesos.

Un día negro
(8 diciembre 1973)

De hecho, el mes de diciembre es un mes cicatero para la caza. La mayor parte de las perdices —las más inexpertas, las más viejas, las más débiles— han pasado a estas alturas a mejor vida y, las que sobreviven, andan escamadas, robustecidas por tres meses de ejercicio incesante. La perdiz decembrina tiene mucho que matar y con mayor motivo si este mes llega amenizado, como ha ocurrido esta temporada, por cielos turbulentos, cierzos desabridos y periódicas rociadas de aguanieve. Es obvio que con estas precisiones estoy tratando de disculparme, de justificar el parvo morral de la cuadrilla ayer en Escuderos: tres perdices y dos palomas.

175

Doblada la temporada, suele ocurrir que el monte no brinda ya a cada escopeta más allá de cuatro o cinco oportunidades por día, con frecuencia menos. Si el cazador, a lo largo de la jornada, no deja de ser ni un instante un hombre alerta, es posible que aproveche todas o la mayor parte de estas ocasiones. Pero lo normal es que esa expectante atención se relaje algún momento, bien porque uno se pone a hacer un pis, o a liar un pitillo o, simplemente, a pensar en las musarañas. Y entonces puede suceder que una rabona ovillada a nuestros pies o una patirroja expedida por un compañero entren en plaza y nos sorprendan con el pito en la mano o la escopeta en el seguro. Lo primero le ocurrió a Manolo el otro día y aunque el tío logró abatir la perdiz nadie pudo impedir que se meara por la pata abajo. Estas cosas, por muchos lustros que llevemos cazando y por decididos que sean nuestros propósitos, son irremediables. Hay momentos, en todo cacerío, en que uno deja de ser el hombre acechante que debe ser el cazador y la pieza aprovecha ese descuido para largarse a criar.

Tan largo preámbulo viene a cuento porque ayer, un servidor de ustedes, dispuso de media docena de oportunidades magníficas y no aprovechó más que dos. Quiero decir que, sin variar las condiciones del cacerío, que no eran buenas, yo me pude venir a casa con seis piezas y, no obstante, hube de conformarme con la parejita. Que ¿qué ocurrió? Sólo esto: a otras dos —una perdiz y una liebre— no llegué a tirarlas y el último par de perdices —una tras otra— las erré de manera lamentable. En suma, tuve mi día negro, ese día negro que con mayor o menor frecuencia nos acecha a todos los cazadores a la vuelta de la esquina.

He aquí la pequeña historia de este fracaso. A las once, tras hora y media de patear el campo, cuando todavía no me había estrenado, me arrancó una liebre de los bajos de la ladera, pero yo iba tan preocupado para no dar con mis huesos en el suelo que, cuando quise verla, la ladina coronaba un caballón y desaparecía de mi vista. Media hora más tarde derribaba la primera perdiz, pero, en lugar de colgármela e incorporarme a la mano sin pérdida de tiempo, me detuve y me recreé en el lance; llamé al *Choc* para que la cobrara y se le calentara la boca, pero cuando andaba en éstas, otra patirroja, procedente de los altos, me sobrevoló planeando y yo, arrodillado y con el arma en el suelo, tuve que conformarme con ver cómo describía un airoso semicírculo sobre mi cabeza sin poder hacer por ella. Estas cosas, cuando la caza escasea, le queman a uno la sangre e influyen, posiblemente, en su actuación posterior. He escrito *posiblemente*, pero, después de hacerlo, advierto que lo que estoy tratando es de justificarme de antemano, ya que en la hora y media que siguió marré dos perdices fáciles, dentro de la facilidad que diciembre puede deparar. La primera fue un pájaro que se me volvió del bocacerral y, la segunda, una perdiz que se arrancó a treinta metros de la linde que yo seguía después de tomar carrerilla por el barbecho. ¿Por qué erré estas dos perdices? Uno tiene la morbosidad de indagar siempre en los motivos de sus fallos, cuando en la cinegética hay fallos que se producen porque sí, y el hecho de haber derribado cientos de perdices más peliagudas que las de autos no quiere decir nada. En la caza, uno es bueno hoy y mañana malo, por lo que sea. Pero lo cierto es que si uno es bueno o medio bueno unos días y otros malo, habrá alguna razón que explique sus yerros inhabituales. En mi caso personal, operan con mucha frecuencia, por ejemplo, los nervios, el cansancio, las gafas empañadas o el aterimiento de los dedos. Mas, la verdad por delante, ayer nada de esto pudo influir porque yo

177

no estaba nervioso, ni fatigado, mis gafas estaban limpias y mis manos templadas. Entonces ¿qué? En lo concerniente a la perdiz que se alzó de la lindera, he llegado a una conclusión consoladora: su mimetismo con la tierra rojiza que sobrevolaba era tal que puedo asegurar, sin engañarme, que cuando guiñé el ojo, apenas entreveía el pájaro en el primer disparo, mientras, en el segundo, no le veía en absoluto: tiré al buen tuntún. El cielo, muy bajo y sombrío, dificultó aún más mi acción y favoreció a la fugitiva. Bien. Pero, ¿qué alegar en la otra, un pájaro repinado que se recorta contra el cielo, a treinta metros, sobre una ladera de aliagas y se vuelve tranquilamente entre dos escopetas? Sinceramente, en este caso no caben disculpas. Al tomarle los puntos yo me llené el ojo de perdiz, adelanté adecuando mi acción a su ritmo y disparé. Nada. En el segundo disparo aún aquilaté más mis precauciones y, sin embargo, la pieza se largó. ¿Qué pudo pasar allí? Hablaba el otro día de la perdiz que nos sorprende a nosotros mismos, sus matadores, al desplomarse. Hoy debería hacerlo de la patirroja que nos deja perplejos *al no caer*. Tal fue el caso que describo. Mi serenidad al encañonarla y tomarle la delantera fueron tales que yo vi caer a la perdiz, inclusive vi el lugar del pelotazo, cosa frecuente en el cazador perdicero, y, sin embargo, la perdiz no sólo no cayó, sino que no mostró signo alguno de encajar un perdigón. ¿No pisaba firme en la ladera de guijos? ¿Me pilló su irrupción a contrapié? No. Por vueltas que le dé no encuentro explicación a este fallo. Es imposible justificarse. Habrá, pues, que culpar al día, un día negro, aciago, en el que todo sale al revés, y uno en lugar de regresar a casa con media docena de piezas ha de conformarse con dos tristes pajaritos pendientes de la percha.

¿Qué puede alcanzar un perdigón?
(9 diciembre 1973)

Todavía con el cansancio de la jornada de la Virgen en las piernas nos asomamos a Villafuerte, uno de los contados términos que aún no han sido acotados en la provincia de Valladolid. Estos páramos y laderas del Valle del Esgueva fueron frecuentados por nosotros en una época en que las escopetas no eran muchas y lo libre era todavía campo rentable. En este cazadero hemos pasado días inolvidables, con perchas suculentas —¿veinte, veinticuatro perdices?—, pero eso es agua pasada que más vale no remover. Tampoco en este viaje, a fin de cuentas, nos pintó mal del todo ya que, teniendo en cuenta las cuadrillas que divagaban en un sentido y en otro, cobrar una perdiz, tres liebres y una zurita puede considerarse casi casi un milagro cinegético.

Lo malo de acudir a un territorio muy frecuentado no es para mí la competencia. Lo verdaderamente malo es que la irrupción de una cuadrilla aquí y otra allá le impiden a uno seguir un plan. Y con la perdiz no se puede salir a ver qué pasa. La caza de la perdiz exige un método. Este pájaro dispone de unos recursos y una estrategia defensivos y lo que el cazador debe tratar de hacer es doblegar aquéllos y oponer a ésta una estrategia ofensiva adecuada. De una u otra manera, a la perdiz hay que conducirla al matadero. Saber conducir a la perdiz —que no nos desborde, ni se nos vuelva— es el secreto del cazador a rabo. Una vez que se aprende a llevarla, hay que decidir adónde. Achucharla del páramo a la ladera, de la ladera a las pajas de los bajos, del rastrojo al carrascal, son, en principio, acciones positivas siempre que el pájaro responda, pues no faltan casos en los que la reacción de los bandos no se ajusta a nuestras previsiones. Ante la primera tentativa fallida hay que saber reaccionar, improvisar sobre la marcha para acabar poniendo a tiro unas aves recias y desconfiadas.

Esto es el «abc» del cazador, pero ¿qué hacer cuando, apenas llegados al cazadero, observamos que tres coches se nos han adelantado o, a la media hora de abrirnos en la ladera, siete escopetas irrumpen por el morro que pretendíamos batir? Desengañémonos, la perdiz sólo puede cazarse bien, con arreglo a unos cánones deportivos, dividiendo la tierra en cuarteles y que cada cuadrilla se ciña al suyo. Asunto aparte es el del cazador aislado que, aprovechando la dispersión de los bandos provocada por otros y registrando lindes y majanos, hace una percha que en la vida podría haber soñado de encontrarse totalmente solo en el campo. En este caso, la mano ajena trabaja y se esfuerza para él. Es un parásito. Por eso digo que lo deportivo en estos lances es que cada partida foguee sobre aquellos pájaros que ella misma ha puesto en movimiento. La táctica de los cuarteles independientes adoptada por los cotos sociales se me antoja la única honesta en la caza de la perdiz en mano. El todo de todos, la barahúnda de cuadrillas que se entrecruzan y se persiguen en un terreno limitado, suele ser fatal para la patirroja en los días aún calurosos de octubre, ya que el pájaro se agazapa, rendido, en cualquier accidente y uno u otro termina por levantarla. En cambio, en estos días heladores de mediados de diciembre, la perdiz, con vigor suficiente, huye del barullo y se cobija en los cotos colindantes de donde no sale mientras no haya pasado la tormenta. En ambos casos se trata de acciones antideportivas en las que unas veces paga el pájaro y otras el cazador. En Villafuerte, pues, no ha cazado nadie, ya que unos y otros nos hemos estorbado mutuamente interfiriéndonos en las evoluciones de los demás.

Pero como en ninguna cacería falta un imprevisto, quiero referirme a un incidente digno de comentario: la paloma zurita que desgajamos de un bando de lo menos cuatrocientas tirando al alimón Manolo y yo en un rastrojo desamparado. Si el cazador que me lea ha topado alguna vez con un bando de zuritas en descampado, sabrá de sobra lo receloso que es este pájaro, sobre todo cuando navega en bandos multitudinarios. Pues bien, el bando se alzó del suelo, como era su obligación, al irrumpir la mano sobre un cabezo a más de cien metros de las escopetas, pero Manolo y yo, bajo una dieta demasiado prolongada, fogueamos a discreción, al bulto, y una pobrecita se desprendió del racimo con el ala quebrada. Ante esta realidad incontestable, uno se pregunta: ¿Qué alcanza una escopeta normal con un cartucho normal, no reforzado? Porque medidos los metros que nos separaban de la paloma dieron por resultado ciento diez respecto a Manolo y ciento dieciocho desde mi posición, lo que significa que una pieza es *cobrable* a más de cien metros de distancia. Ante este hecho, cabe preguntarse: si la carga de un cartucho es mortífera a más de cien metros, ¿cómo es que no abatimos con cuatro tiros —y los centenares de perdigones que esto representa— más que un ejemplar de un bando de palomas espesísimo? He aquí un ejemplo claro de la diferencia de fuerza que *impulsa* a los plomos de un cartucho.

El plomeo de un arma suele ser uniforme a cincuenta metros de distancia, pero las pruebas que realicemos a estos efectos nada nos dirán sobre el *impulso de cada grano* de carga. Por contra, el episodio de las zuritas nos enseña que por la causa que sea —roce con los tubos, entrechoque de unos perdigo-

181

nes con otros, etc.— hay plomos inútiles a partir de los cincuenta metros y plomos aprovechables a más de ciento. A esta distancia, uno puede derribar un pájaro de un bando —puesto que todos los perdigones acceden al bulto—, pero conseguirlo con un pájaro aislado sería pura chiripa, ya que únicamente un despreciable porcentaje de perdigones alcanza los cien metros con posibilidades de herir de muerte.

La perdiz se embarbecha
(16 diciembre 1973)

Embalses al margen, la sequía va tomando en el campo castellano caracteres de cierta gravedad. Hasta hace pocas semanas, las tierras conservaron el tempero, pero de un mes a esta parte, entre el hielo y el sol de las horas centrales, el campo se ha erizado y ofrece un aspecto desolador. En las breñas, cabe las fuentes, los cauces de salida están secos y cuarteados. Nada digamos de las labores y barbechos. En éstos, los arados modernos ahondan donde jamás habían ahondado y hacen aflorar unos cubos de tierra apelmazada que más parecen piedras de sillería. Caminar por estos barbechos es hacer oposiciones a romperse la crisma. Los terrones aristados dificultan la posición de los pies y dejan entre ellos unos huecos, para que la tierra se oree, que ni pintados para que la perdiz alicortada se refugie en ellos. Tal le ocurrió a mi hermano Manolo con la primera que derribó ayer y de no ser por la exactitud con que mi hijo Adolfo precisó el sitio, nunca la hubiésemos encontrado (la perdiz a casi un metro por debajo de la superficie dejaba ver no obstante, entre dos terrones encontrados, las plumas pardas y rojizas de las timoneras).

182

Esta situación de las tierras aradas, que en Santa María forman un mar, ha empujado a los bandos a ellas puesto que ahí están mejor protegidas del acoso de las escopetas que en las cuestas. El hecho sorprendió a mi hijo Germán, quien, llevando el alto de la ladera, no vio pájaro ni en el páramo ni en el bocacerral, mientras yo, por los bajos, caminando por los barbechos o sus aledaños, levanté bandos para dar y tomar. Lo de tomar es un decir puesto que se alzaban donde Cristo dio las tres voces, pero eran bandos nutridísimos que indefectiblemente se desplazaban nava adentro e, indefectiblemente, aterrizaban en otro barbecho más alejado. La operación se repitió una y otra vez, hasta el extremo de que bien puedo afirmar que ha sido hoy el día que he visto más perdices por estos pagos y, al propio tiempo, la jornada que menos he disparado: exactamente dos tiros.

Con estas perdices barbecheras se da una circunstancia peculiar. Uno puede tirarlas al primer vuelo, el de la sorpresa, pero luego, en los sucesivos, ya no hay quien las meta mano. Mi primera perdiz, por ejemplo, me arrancó hacia atrás, a cuarenta metros, de un barbecho ímprobo y, a pesar de la distancia, encajó el tiro de lleno, empezó a bailar una especie de charlestón en el aire, se repulló después, y acabó desplomándose como un fardo sobre una siembra. A Manolo y a mis hijos les sucedió algo semejante. Barrieron a las perdices de iniciación y no se les volvió a presentar ocasión en el resto de la jornada. Esto supone que, al concluir la mano de ida, habíamos hecho seis perdices de diez o doce disparos, mientras de regreso, por las tierras abiertas, no conseguimos más que un aguanieves desorientado en este secarral.

Tengo para mí, sin embargo, que la mano por la nava no la cogimos bien. En nuestro afán de abarcar mucho dejamos huecos, por ejemplo entre Manolo y

Adolfo, de más de doscientos metros, con lo que el grueso de la perdiz se amonó entre los cavones y no levantó. Por supuesto algún bando lo cogimos de proa y no tuvo otra salida que alzarse, pero lo hicieron, lejos, en grupo y por derecho. Y esto es lo que no encaja con el comportamiento habitual de este pájaro, que en el tercero o cuarto vuelos levante más lejos que en el primero, con la agravante de que éste lo hicieron bajo la bruma matutina y los siguientes bajo un sol amarillo, todo lo clemente que se quiera, pero que invitaba a la indolencia. Y es que a mí nadie me sacará de la cabeza que a la perdiz de este sector se la ha achuchado sin pausa esta temporada; se la ha achuchado de más y así pasa lo que pasa. Resumen: que durante la hora y media de regreso, Germán apenas si tiró a una perdiz envenenada. Los demás nos limitamos a verlas volar tan ricamente delante de nosotros. Quizá si en lugar de abrirnos casi un kilómetro, nos limitamos a coger trescientos metros de barbecho, con el ala izquierda adelantada, hubiéramos hecho más. Pero erramos la táctica y la patirroja nos siguió el juego de mil amores. Claro que todo esto no pasan de ser suposiciones Es muy probable que aun habiéndonos abierto adecuadamente por los bajos, la perdiz se hubiese zafado de nuestro acoso volando larga y acomodándose donde ayer se encontraba protegida y a gusto: entre los cavones resecos del navazo.

La liebre en celo
(23 diciembre 1973)

Fue suficiente que el Gobierno anunciase restricciones de luz el martes *de no cambiar radicalmente el panorama* para que el miércoles se abriesen las espitas de las nubes y sobreviniese el diluvio. A juzgar por las informaciones, el agua caída en veinticuatro horas no ha sido una broma: 20 litros en Valladolid y otras capitales de la meseta, 50 en Gerona y 60 en otras ciudades mediterráneas. El cambio, pues, ha sido radical, como pedía el portavoz, lo que hace falta ahora es que el cielo persevere.

Los cazadores tuvimos suerte sin embargo, ya que entre el nubazo del sábado y el de la tarde del domingo pudimos correr campo y oxigenarnos la víspera de Nochebuena. Salvo las prisas por aprovechar el paréntesis —«contra la tarde es posible que llueva», nos había anunciado Emiliano, el guarda—, la jornada no ofreció otra cosa de particular que el original comportamiento de las liebres. Fuera de esto —y del acopio de ellas que hicimos— el día fue uno más de casi finales de temporada, con tres dianas a las torcaces y el gazapate que paró Manolo cuando corría desalado a embocarse en el bardo.

Respecto a la conducta de las liebres, me salió de ojo no sólo que en una chopera de treinta hectáreas levantáramos seis, sino que cuatro de ellas, pese a la humedad del suelo, lo hicieran en corto, aguantando mecha, hasta el punto de que encontraran su perdición en su abúlico dormitar. El suelo húmedo, poroso y mollar, ofrecía para ellas, en todo caso, su haz y su envés ya que su presunto incómodo encame quedaba compensado por la posibilidad de aproximación sigilosa que brindaba al cazador, ya que la fusca no crepitaba, ni la tierra, humedecida, delataba su presencia.

Pero esto de que la liebre brinque pronto o tarde es circunstancial; salvo algún que otro consumado lebrero no creo que lo sepa nadie. Lo raro es que en una finca donde la liebre no es excesivamente abundante uno se encuentre seis aculadas en unos metros cuadrados. Esto puede obedecer a la presión de las novillas, que estuvieron pastando la víspera en los rastrojos colindantes, pero es poco probable ya que la rabona es animal noctívago y, tras su periplo nocturno, no hay razón para que no encamase en la misma tierra —muy extensa— que habían hollado los rebaños. Puede ser también que la saca de la remolacha influyera en esta concentración ya que esta labor ahuyenta a las liebres de los remolachares, pero tampoco esta teoría es convincente desde el momento que las siembras de remolacha en esta finca son contadas y la posibilidad de que vengan de otras próximas es remotísima.

El misterio empezó a aclararse cuando mi yerno descubrió a mediodía en una pequeña campa a tres liebres levantadas, liebres que se esfumaron, una detrás de otra, en cuanto él se aproximó. Estas persecuciones en pleno día son la mejor demostración de que la rabona mesetera está en celo, fenómeno nada extraño ya que a estos bichos los he visto empalmados o guarreándose en los siguientes meses del año: enero, febrero, marzo, abril, mayo, agosto, setiembre, noviembre y, ayer, diciembre. Esto significa, digan lo que digan las disposiciones sobre la veda, que la liebre, al igual que el conejo, es un animal de celo intermitente pero frecuente. Todo cazador estará de acuerdo en que no es raro encontrarse una hembra con dos gazapos en el vientre en plena temporada, entre octubre y febrero. El hecho de que el celo primaveral no falle, no implica que en otoño no se presente.

El celo de la rabona es muy típico. Este animal, pacífico y solitario, experimenta una metamorfosis con el celo y, entonces, busca no sólo la compañía de la hembra, sino la de otro u otros machos con quienes pelear y hacer méritos ante la dama. Yo recuerdo que hace veinte años, o más, en el monte de los Gómez Gutiérrez, compañeros de colegio, observé durante varias noches a la luz de la luna el comportamiento sexual de estos bichos. Y allí, en la monda, tras de la casa, grande como una plaza de toros, contemplé épicas escenas galantes donde los machos peleaban por la hembra con una saña feroz. Los gritos de estas bestezuelas, en el silencio nocturno, son de escalofrío. Luego, tras la huida del macho más débil (u ocasionalmente derrotado), el vencedor emitía una chilla peculiar y la hembra corría a emparejarse con él para perderse ambos, de inmediato, entre la maraña de roble.

El celo despierta en esta especie un instinto de sociabilidad —para amar y pelear— que en la vida ordinaria no se produce. La liebre, como casi todos los animales, respeta su cuartel, se atiene a sus fronteras. El agrupamiento ocasional obedece, pues, a unas razones. Y el de ayer en el choperal de Villanueva no parece que pudiera estar motivado por otra que por un celo anticipado o retardado, ya que esto, dada la rijosidad de la especie, es muy difícil determinarlo.

Viaje a Sedano
(27 diciembre 1973)

Tras las copiosas nevadas de Nochebuena que dejaron incomunicadas extensas zonas de la vieja Castilla, temía este viaje a Sedano. Y lo que son las cosas, al llegar encontré no sólo el pueblo, sino los accesos montañosos y los altos circundantes totalmente limpios. Según me dicen, en la comarca ha llovido, pero no ha caído hasta el momento ni un solo copo de nieve. Como en todas partes, la otoñada

187

ha sido seca y ello ha permitido a mis compañeros sedaneses hacer varias salidas al jabalí con no poco provecho. Luis Gallo, escopeta número uno de estos contornos, ha abatido tres reses en lo que va de temporada, otra Luis Peña y, según tengo entendido, otros amigos han parado varias más. En cambio, Manolo Gallo, matador a cuchillo, ha tenido el santo de espaldas ya que no sólo no ha cobrado pieza, sino que hace escasas semanas, un ejemplar bien armado le degolló dos perros de su corta rehala y un tercero, con las tripas fuera, lucha entre la vida y la muerte. Manolo Gallo se ha quedado, pues, en cuadro, y como quiera que el adiestramiento de estos perros requiere tiempo, pasará una larga temporada sin subir al monte.

La opinión general es, sin embargo, muy positiva. Cazadores y pastores han visto mucho cochino y hasta, según me aseguran, algún que otro corzo. Buena prueba de la abundancia jabalinera la constituyen las pintorescas capturas en el canal del Ebro, orilla de Quintanilla de Escalada. Los taludes que se desploman sobre el canal, en la falda de la ladera, son tan escarpados que cochino que cae en él no acierta a salir y es muerto por los vecinos a tiros o a garrotazos. A juicio de unos, así se han cobrado este año cinco, y siete, según otros, aunque la cifra exacta no importa mucho. Lo indicativo es que este procedimiento venatorio fuera desconocido hasta el día, lo que quiere decir que este año hay más jabalí por estas serranías que en temporadas anteriores.

Para acabar de animar el cotarro, Antonio Nogales, extremeño de pura cepa, está pasando en Sedano una temporada en compañía de sus perros zorreros. Este hecho constituye aquí una novedad. Yo he visto trabajar a estos perros en su salsa y la experiencia, verdaderamente, vale la pena. El fox es terriblemente agresivo e intrépido y en los canchales extremeños, de haber un zorro oculto, no le queda otro remedio que arrancarse por cualquiera de las trochas de escape donde, generalmente, aguardan las escopetas. Los guirigays que se producen en las zorreras, cuando los perros sorprenden al raposo aculado sin otra salida que la que ellos guardan, son de mucho cuidado. Se trata de peleas enconadas y cruentas que, en ocasiones, terminan con la muerte del zorro cuando no de uno o varios perros. Pero lo normal es que aquél, al verse acosado, huya y se encuentre con la perdigonada de quienes le aguardan en los pasos.

La gente de Sedano se reunió ayer para solazarse con la actuación de los fox, pero la decepción fue general ya que las zorreras exploradas no dieron fruto. A mí, personalmente, este fracaso no me sorprendió. Los canchales donde el zorro se guarece en Extremadura son auténticas catedrales de piedra, minadas de túneles y pasadizos, donde la persecución del raposo se prolonga a veces durante media hora. En Castilla, en cambio, la zorrera es un simple agujero en el suelo, cabe una piedra o un mato, pero en ambos casos la entrada suele ser la misma que la salida, con lo que el perro, encuclillado, en postura incómoda, ni puede moverse con agilidad ni dar salida al zorro. Además, en mi tierra, la zorrera es refugio circunstancial, generalmente para cobijar a la raposa cuando tiene crías. El resto del tiempo, el zorro adulto vive en Castilla a la intemperie, especialmente en zonas adustas, como Sedano, donde los lugares de ocultamiento son incontables y de lo más recóndito. Lo problemático en la meseta norte es encontrar al zorro en casa. De ahí que las gentes de Sedano se quedaran sin ver afanar a los fox que, tal vez, bien enseñados, puedan servir para mover al jabalí en el monte.

Para aprovechar el viaje, esta mañana subí con

Juan al páramo de Mozuelos en busca de las perdices, pero la excursión resultó baldía: o no había perdices o no dimos con ellas. En cambio, la niebla, que ya amagaba en el valle, se adensó en los altos, y aunque hubo un momento, a mediodía, en que el sol pujó valientemente con ella, la niebla terminó por prevalecer. Si salimos del coche fue, pues, por el capricho de dar un paseo. En dos horas de caminata no vimos un pájaro y la media docena que levantamos desde esa hora se diluyeron entre la bruma y por más vueltas que dimos no fuimos capaces de revolarlos.

Lo gordo fue cuando, al tratar de volver al coche sobre las dos y media de la tarde, nos encontramos desorientados, pues la referencia de la ladera que encara la carretera no nos servía ya que seguía una dirección distinta a la que Juan y yo imaginábamos. Y perderse en el campo, entre una niebla cerrada, es tan desconcertante como hacerlo en la habitación oscura de un hotel desconocido.

Uno va y viene, manotea, toma una referencia que abandona de inmediato para reemplazarla por otra; todo en vano: el muro de niebla o la oscuridad parecen burlarse de nosotros. Afortunadamente sobre las tres y media de la tarde sobrevino el milagro: un rayo de sol se filtró entre las nubes hasta el monte y, bajo su luz, las cosas y la topografía resultaron más concretas pero también más complicadas de lo que pensábamos hasta el punto de que de no ser por este resplandor ocasional aún andaríamos dando vueltas por el páramo. El Pico Toralvillo quedaba a nuestras espaldas y el automóvil, que afanosamente buscábamos a nuestra derecha, estaba a nuestra izquierda, casi a un tiro de piedra. Entre unas cosas y otras, ha sido éste, si no me equivoco, el primer día de la temporada que regreso a casa con la escopeta virgen.

El raposo, al fin
(29 diciembre 1973)

Los perros zorreros de Antonio Nogales hicieron presa esta mañana. Sorprendieron a una zorra joven en la madriguera y se armó allí dentro un zurriburri de cien mil pares de demonios. Debió de ser una pelea encarnizada, violentísima, constreñida por la angostura de la cueva. Sea como quiera, a la media hora los aullidos sofocados, los jadeos, los gruñidos subterráneos, cesaron de improviso y se instauró sobre el alcor un silencio de camposanto Antonio Nogales y su mujer, que conocen bien a sus perros, dispararon un tiro al aire y los animales emergieron en un instante. Los dos heridos, por supuesto: el uno en el hocico y las orejas, y en las manos, el otro, pero del zorro, ni rastro. Hubo que meter en la hura a los perros de Avelino, poco batalladores pero más listos que el hambre, para cobrar el raposo muerto por los fox. El animal estaba hecho un harnero de dentelladas y desolladuras. Lo que ya anticipaba se ha confirmado: en Castilla no es posible cazar a zorro acosado. De ordinario las zorreras no disponen más que de un acceso, con lo que si hay bicho dentro los perros se harán con él pero le cierran el paso con lo que las escopetas no podrán entrar en acción.

Doce perdices
(30 diciembre 1973)

¡Buena fue la despedida del 73 en Santa María! Y eso que al regresar ayer de Sedano, entre la niebla, me temía lo peor, temores que parecieron confirmarse al levantarme esta mañana y observar que la

191

bruma no dejaba ver las casas de enfrente. El cazador, no obstante, es hombre tesonero que siempre juega la carta del azar aunque las posibilidades de acertar no pasen de una entre mil. Y aunque parezca mentira, en ocasiones, acierta. O acierta cuando menos en parte ya que si en algunos lugares —el cauce del Arlanza, por ejemplo— la niebla no llegó hoy a levantar del todo, la ladera que nosotros cazamos, a un par de kilómetros del río, se mantuvo discretamente soleada durante cuatro horas de la mañana, tiempo suficiente para desfogar a una cuadrilla entrada en años como la nuestra, máxime si evoluciona sobre un plano inclinado de greda reblandecida.

Pero lo más llamativo del cacerío de hoy fueron sus inicios, bajo una helada fantasmal —como fumarolas itinerantes— donde cada pajita del campo ofrecía un rebozado de carama de un dedo de espesor y las intermitencias entre sol y niebla se prolongaron durante más de media hora. El pueblo asegura que la perdiz, bajo la helada, se amona lo mismo que bajo un sol canicular. Esto no es enteramente exacto. La helada, por principio, no aletarga a la perdiz. Para que esto se produzca es necesario añadirle unos ingredientes a la receta. En primer lugar que la helada sea rigurosa; en segundo, que el sol pique o, en su defecto, que una niebla reptante, con irrupciones racheadas, desconcierte a los pájaros. Entonces, sí. Entonces la perdiz aguanta, pero antes que en los tomillos o las escobas helados, en los cavones de los barbechos. Estas condiciones se dieron en la primera media hora del cacerío y el resultado fueron ocho perdices y un animado tiroteo.

En lo que me concierne, puedo decir que a los veinticinco minutos de haber comenzado la marcha había colgado tres patirrojas y errado otras dos que en circunstancias normales no se me hubieran ido.

Pero, a veces, las mismas condiciones meteorológicas que agarrotan a la perdiz, agarrotan también al cazador. Tal ayer, el congelamiento de los dedos y el lagrimeo. En esta tesitura me arrancó del barbecho, a cosa de treinta metros, un bandito de media docena pero al intentar hacer por ellas yo sabía que era inútil y los dos disparos se perdieron en el silencio de la mañana. Cinco minutos más tarde me brincaba de entre los pies otro pájaro suelto y, al cerrar el ojo izquierdo para tomar puntería, el mundo se me nubló y la perdiz, pese a mis dos tiros, hechos más bien por tanteo, se me fue igualmente a criar. Las cosas cambiaron radicalmente al volver la mano y dar la espalda al cierzo —moderado pero helador—, de tal modo que en un cuarto de hora, en tres disparos consecutivos, acerté a tres patirrojas, dos en los barbechos y la tercera junto a un brezo, a la caída de un montículo. Las dos perdices barbecheras cayeron alicortadas, pero en contra de lo que es habitual en ellas no apeonaron en seguida, sino que se engurruñaron entre los terrones y únicamente al verme aproximar iniciaron su loca carrera. Esto supone que la propensión al aletargamiento bajo la helada se produce en este pájaro lo mismo si está entero que si está disminuido.

Minutos después, cuando el sol se aplomó sobre la ladera, el tiroteo se hizo intermitente, más bien escaso, excepto para Miguel que arriba, en la pestaña, empezó entonces a hacer su percha. Resultó, empero, una mano animada, salpicada de incidencias, en la que colgué otra perdiz y revolqué un gazapo entre las aulagas de un erial.

A las dos, cuando la niebla que se cernía sobre el Arlanza, y que desde los altos parecía un lago de espuma, empezó a extenderse de nuevo sobre la nava, la cuadrilla decidió regresar con un morral que, a estas alturas, puede considerarse suculento: doce perdices, dos conejos y una liebre. Tres piezas por barba. Nadie da hoy más en menos tiempo.

Toledo, ese paraíso
(13 enero 1974)

Si buena fue la despedida cinegética del año 73 mejor aún resultó la inauguración del 74. Hacía mucho tiempo que deseaba asomarme a uno de estos cotos del centro de la península, donde la perdiz, según dicen, lejos de decrecer, aumenta cada año. Roberto Caleya, ingeniero agrónomo, íntimo amigo de mis hijos Ángeles y Luis, nos proporcionó la ocasión invitándonos a Valdelagua, la finca de su abuelo, en la carretera de Yepes, no lejos de Toledo capital. Valdelagua es una granja vitivinícola, donde los majuelos ocupan la mayor parte de las ochocientas hectáreas, alternando con algunos olivares, cuatro perdidos de esparto y unos pocos retales de cereal.

En conjunto, la tierra produce una impresión de cuidado meticuloso, de atención solícita y constante, y su andadura por ella, sobre un suelo mollar, en ningún momento resulta penosa.

A la domesticidad de los terrenos hay que unir la concentración de casas de labor en la zona oeste de la finca, así como el entramado de comunicaciones —carreteras, ferrocarril, tendido aéreo de vagonetas para la explotación de una cantera...— y los consabidos apéndices: gasolineras, bares, estaciones, etc. En el extremo occidental del coto estas instalaciones son tan abundantes que, antes de echarse la escopeta a la cara, uno ha de pensárselo dos veces no vaya a hacer carambola de perdiz y jefe de estación o de liebre y

Seiscientos. En el rincón opuesto, en la margen derecha de la carretera, Valdelagua ofrece en cambio unas ondulaciones suaves, donde se turnan cepas y olivos, de una belleza discreta y sedante. Incrustado en este paisaje, uno piensa, inevitablemente, en un cuadro de Zabaleta.

—Y ¿encontraron ustedes perdices en un medio tan civilizado?

¡Le diré a usted! Tal cantidad de perdices que es posible que no haya visto tantas juntas en los días de mi vida y no olvide que los cincuenta y tres ya no los cumplo y que a los siete ya andaba tras de mi padre de morralero. Y no es que se vieran muchos bandos, ni muy prietos, no. La cosa es más simple y más atractiva. Y es que desde que uno despanzurra el primer terrón hasta que desarma la escopeta no cesa de ver perdices en ningún momento: una aquí, dos allá, cinco en aquel pequeño majuelo de la derecha, una docena en vuelo rasante contra el cerral. Cerca o lejos, altas o bajas, agrupadas o en solitario, las perdices son presencia constante en Valdelagua: no fallan.

Yo imagino que cazar estos bacillares en octubre, cuando todavía conservan la hoja, debe de ser, en lo que a tiros se refiere, un ejercicio parejo al que nos facilita la codorniz un año de buena entrada. Ahora, si ustedes me preguntan cómo hay tanta patirroja en una topografía tan acicalada, tan repeinada y donde el cereal no es, desde luego, el fundamental cultivo, tendré que reconocer que no lo sé. Hay fincas en el centro de la península donde los dueños renuncian a una explotación racional y las convierten, mediante estímulos de diverso orden, en un criadero de perdices. Y, en estos casos, uno se explica todo puesto que todo ha sido ordenado allí para que la rentabilidad de la tierra sea la patirroja.

Mas esto no sucede en Valdelagua. La tierra ha

195

sido utilizada aquí para que produzca uva y aceituna, no pájaros. Pero esta inteligente ordenación, la inexistencia de lindazos y la reducción de perdidos al mínimo, no impiden que estos pagos produzcan también perdices en cantidad. ¿Razones? ¡Vaya usted a saber! Uno puede pensar en una eficaz guardería de la propia finca y de las colindantes, en la benignidad del clima, en la escasez de contracaza —dos urracas apareadas vi ayer por todo ver—; en la unidad de la propiedad que impide el paso de los tractores de todos por las tierras de cada uno... ¡Qué se yo! Lo incontestable es que en este punto la meseta de arriba no admite parangón con la de abajo. La perdiz de la primera va a menos, desaparece, mientras en la segunda se muestra cada día más pujante y ni las escopetas, ni los automóviles, ni los pesticidas —¿es que son de otro tipo?—, ni los abonos, ni la inserción de lo urbano en lo rural, ni la industrialización —en los aledaños de Valdelagua vi varias instalaciones fabriles, una de ellas de cemento en seco, de las más contaminantes— pueden con ellas.

—Bien, vamos a dejar eso y dígame qué hicieron ustedes.

Creo que en el caso presente *hacer* no es la palabra adecuada; debería tal vez preguntarme qué *pudimos hacer*. Porque lo cierto es que la mano, hecha al estreñimiento mesetario, se desconcertó con tanta abundancia, y salvo Germán, que conservó la sangre fría y se descolgó con quince perdices y un conejo, los demás hicimos reír. Es decir, yo cerré la jornada con siete perdices y tres liebres, pero debo confesar que, en punto a patirrojas, bien pude doblar la cifra. Concretando: estuve mal.

A mi ver, Valdelagua tiene exceso de pájaros para cazarlos en mano; esto es, uno no necesita apelar a ninguna estrategia cinegética para abatir un número abultado de piezas. El problema se reduce a andar y cargar con presteza. Andando, andando, se van tirando cazas sin necesidad de vigilar la evolución de los bandos ni cuáles son sus querencias. En un caso así, la improvisación se impone y la inteligencia no juega el menor papel. No se necesita otra cosa que serenidad. Para la cuadrilla, sin embargo, hubo horas de total desmoralización, motivada por circunstancias diversas. En mi caso concreto, el tiro a una perdiz muy larga seguido de otro, inmediato, a una segunda que me arrancó de los zancajos cuando aún no había cerrado la escopeta, me produjo tal desconcierto y excitación que me llevó a una serie de fallos encadenados favorecidos por el desconocimiento del terreno y la mala visibilidad. Resumen, que para lograr mis diez piezas precisé de treinta y nueve cartuchos, munición que, en circunstancias normales, me da para entretenerme cuatro o cinco días.

Y lo lamentable es que empecé bien y cerré bien. Arranqué con dos rabonas y una perdiz, de cinco tiros, y terminé con cuatro perdices y una liebre, de siete. Pero entre diez y media y una del mediodía malbaraté veintisiete disparos para dos pájaros. Estos altibajos dicen claro que Valdelagua nos cogió desprevenidos y nos solivió. Para la cuadrilla este coto ofrece demasiadas facilidades. Uno está hecho a la pobretería y, en consecuencia, a trastear la perdiz y matarla con la cabeza antes que con los tubos de la escopeta. A estas alturas, en la vieja Castilla, tres o cuatro oportunidades por día, es lo ordinario. Y si a uno, de golpe y porrazo, le surgen esas tres o cuarto oportunidades en apenas media hora y yerra la primera, las demás pueden encadenarse hasta Dios sabe cuándo. En estas circunstancias, los nervios suelen jugar muy malas pasadas. Y también influyen, el medio (la perdiz que arranca de un olivo o de una

197

tierra escueta donde uno no la espera), y la misma idiosincrasia del pájaro: más blando, menos difidente, menos acosado que en el norte. Todos estos motivos produjeron —salvo en Germán— un general desconcierto. Lo que no es óbice para que la expedición a Valdelagua deje memoria entre los miembros de la cuadrilla, más que por las cuarenta piezas cobradas, por la convicción de que con una actuación discreta podríamos haber doblado la cifra sin esfuerzo.

Las perdices de Toledo, su abundancia, demuestran que la situación de la patirroja en el país no es tan crítica como nuestros caceríos en la meseta alta, cada día más esforzados y menos eficaces, podrían llevarnos a pensar. Los gallineros del sur son, evidentemente, considerables y vienen a erigirse en una esperanza.

Faisanes en Peñafiel
(20 enero 1974)

A lo largo de mi vida yo no he tenido trato cinegético con estos hermosos pájaros. El faisán, ave de elevada alcurnia, es más bien objetivo de acosos reales y principescos que de un cazador al salto, andarín y de medio pelo como soy yo. Sobre su enclave topográfico podría decir lo mismo. Estas desamparadas tierras nuestras, con cuatro pobos en torno a las aldeas y unas docenas de manchas de encina desparramadas aquí y allá, no son adecuadas para el asentamiento de esta gallinácea. El faisán es más refinado y exigente que la perdiz. No vive en cualquier sitio. Yo recuerdo que hace unos años se echaron unos faisanes entre los robles de Sedano (Burgos) y a los cuatro días los chavales de aquellos contornos los corrían a

198

pedradas porque los bichos, innanes, eran incapaces de volar.

Me dicen que en algunos terrenos españoles este animal se ha aclimatado, pero la verdad es que yo no lo he visto. Es posible que esta ave aristocrática se adapte a las mohedas de algún sitio real, pero en los sardones proletarios de Tierra de Campos es bobería buscarlos. En cambio Centroeuropa, que no cuenta con un clima más benigno que el nuestro, pero sí le sobran bosques y cobijos, tiene faisanes en abundancia. Yo recuerdo habérmelos tropezado —aunque sin escopeta— en Francia y Bélgica y hasta he disfrutado del placer de volarlos y verles repinarse en la bruma, por encima del bosque, en Alemania y Austria. En Norteamérica he visto faisanes asimismo, y en Checoslovaquia tuve la suerte de cobrar uno, en la reserva de Brno, que se estrelló contra el parabrisas de mi coche cuando circulaba a bastante velocidad. Esta anécdota la conté ya en alguna parte como también dije algo sobre la caza del faisán en los USA en mi librito *La caza en España*. Los yanquis son gente práctica y como producen más cazadores que piezas, esto del faisán lo sostienen artificialmente soltando los viernes de los coches-jaulas los pájaros que la afición ha de abatir los sábados y los domingos. Y así van tirando.

Como verán, yo conocía a este pájaro de refilón, ya que en mi dilatada vida de cazador jamás tuve oportunidad de ponerle los puntos a uno. Por eso cuando Jaime Royo Villanova me invitó el viernes a tirar unos faisanes en Peñafiel, acepté gustoso por más que no cesara de preguntarme qué pintarían estos pájaros en unas tierras tan ásperas y desabrigadas como las de D. Juan Manuel. Jaime me aclaró este punto al advertirme que se trataba de una cacería *a la americana*, esto es, preparada, ya que de vís-

199

pera se distribuirían entre los robles y enebros de las laderas de Laguna de Contreras —vecinas del coto de Torre, que la cuadrilla abandonó el año pasado— los faisanes que habíamos de tirar el domingo. La expedición no era, pues, cinegética —carece de todo interés venatorio conquistar la pieza que hemos soltado antes—, sino un ejercicio de tiro al blanco móvil, o sea, de un puro divertimiento.

Y la cosa, en verdad, resultó entretenida, sobre todo por la novedad. Para mayor suerte, la niebla que se cernía sobre Valladolid a la salida y que imprimía al campo un tono hibernizo, muy centroeuropeo, se disipó al llegar a Laguna con lo que pudimos cazar en chaleco:

—Diga usted, ¿y es cierto eso de que el faisán tiene mucho que matar?

Hombre, le diré a usted. De entrada, el faisán es grande como una pava, hace mucho bulto, y de estar el tiempo quedo —como ocurrió ayer— su acceso a las escopetas es rauda pero sin exagerar. Como, además, los puestos estaban escalonados cada quince metros, uno alcanzaba a tomar el blanco no sólo a los pájaros que le entraban a él y a sus vecinos inmediatos, sino a los que formaban en la línea tres puestos arriba y tres abajo. De este modo el pim-pam-pum que se armó el domingo en el robledal de Laguna de Contreras fue algo así como la guerra, con lo cual uno no es capaz de precisar el número de pájaros que abatió ya que cuando, a su tiro, veía descolgarse la pieza, la pregunta a izquierda y derecha, era inmediata: «¿Has tirado tú también?». La batida de Laguna se transformó, pues, en una competencia de presteza —tirar antes que el vecino— y en otra de adivinación —averiguar qué escopetas habían tocado al faisán que se desplomaba. Hubo momentos en que aquello se convirtió en una lluvia de pájaros, hasta el punto de que Lamana, uno de los participantes, voceó en una ocasión con mucha gracia: «¡Yo me conformo con que no me den!».

Sería preciso entresacar la línea de escopetas para decir con exactitud si uno sabe derribar faisanes a ojeo o no sabe. Con todo, creo que no es difícil. El faisán, sobre grande, se encumbra como corresponde a su noble alcurnia, y un bichote de estas dimensiones, recortado sobre un cielo azul, no plantea, en verdad, problemas serios. Un ardid de este bicho para eludir la barrera mortífera es remontarse a las nubes —algunos lo hicieron cumplidamente— y rebasar el cerco a sesenta o setenta metros. Esto u orillar la entrada —muchos se lanzaron en diagonal sobre la pobeda del Duratón— son realmente, en particular ante una línea tan prieta como la del domingo, sus únicas posibilidades de salvación.

Lo que sí puedo decir es que el tiro al faisán a salto es más bien sencillo siempre que se utilice perdigón de quinta —el faisán no es blando— o de sexta a mucho conceder. Esto pude comprobarlo entre las batidas segunda y tercera, moviendo la moheda de los bajos con los perros, donde se habían resguardado algunos pájaros indemnes.

La escapada dio sus frutos ya que pude disparar sobre dos pájaros, el uno a cosa de cuarenta metros y de cincuenta el segundo. Tan corta experiencia me autoriza, sin embargo, a afirmar que el faisán vuela recio y que para abatirle de través hay que correr la mano con gracia, valientemente y sin tacañería, como si de una perdiz se tratase.

El simulacro resultó, pues, divertido. Esto me lleva a pensar que estas expediciones contra pájaros domésticos —pichones o faisanes— están muy bien, son incluso saludables cuando lo que nos incita a salir al campo, antes que buscar la pieza, perseguirla y levantarla, es el puro desahogo pirotécnico. Yo disparé ayer noventa cartuchos, pero los hubo que sobrepasaron las seis cajas. De modo que si lo que uno desea son ocasiones de traqueo sin que el duelo con la pieza y el misterio del campo le digan nada, que organice una cazata *a la americana* del estilo de la de Laguna de Contreras. Por este camino aliviaremos la presión cinegética que gravita sobre este país y, además, pasaremos el rato.

Día de amor y de pelo
(27 enero 1974)

«Quien, de entrada, tira a lo loco, cazará poco.» Este refrán, por supuesto, es inventado. La cuadrilla es muy aficionada a enriquecer el refranero con aforismos cinegéticos de ocasión. Pero el dicho tiene su miga y quiere decir que disparar los primeros tiros a la desesperada sobre piezas muy comprometidas es hacer oposiciones a no dar pie con bola en toda la jornada. Centrar los primeros tiros es, en cambio, un indicio esperanzador: contrariamente a los gitanos, la caza sí quiere buenos principios. Bien, pues yo ayer, en Villanueva, hice tres disparos de salida muy aventurados y, por sabido, sin ningún resultado práctico. Este fracaso, que no lo hubiera sido si me abstengo, pesó ya sobre mí durante toda la mañana y apenas si pude zafarme del maleficio a media tarde cuando acerté a revolcar un gazapete y una liebre. Pero esto no es un hecho excepcional. Hay días que vienen bien o vienen mal desde que uno se levanta de la cama (y estoy hablando de caza). La serenidad o el apremio se le incorporan a uno al abrir los ojos, por no decir que duerme con ellos. Esto se traducirá en el monte en una buena o una mala actuación. Empero, la mayor parte de los días no vienen ni bien ni mal, sino que uno los envereda bien o mal en los minutos iniciales del cacerío. Por eso no considero recomendable vaciar los primeros cartuchos sobre piezas excesivamente problemáticas, de esas que uno no cuenta sino con un uno o un dos por ciento de probabilidades de derribarlas. Tal hice yo ayer con un conejo entrematado, una perdiz frenética que me flanqueó a ochenta metros y una torcaz en las nubes. Total, cero. Pero este cero no tiene importancia. Lo importante es que luego no encontré mi sitio en toda la jornada; si corría, la liebre arrancaba por detrás, si me detenía, cruzaba el calvero demasiado larga. En suma, uno de esos días en los que si uno acierta con la colocación y el fogueo, puede volverse a casa con diez piezas, pero si le falla la intuición, lo mismo puede quedarse bolo. Creo que los quince tiros que hube de disparar para lograr dos piezas explican más claramente lo que de forma tan embarullada estoy tratando de exponer.

Ayer fue un día de pelo en el carrascal. Mis sospechas de hace unas semanas de que la liebre estaba encelada en Castilla tuvieron cabal confirmación: de dieciséis rabonas que vi, catorce estaban apareadas. El fenómeno no tiene nada de particular puesto que el enero de este año en Castilla ha sido un enero blando y condescendiente, una verdadera perita en dulce. Si cuento las heladas es muy posible que durante los treintá y un días no hayan llegado a seis. Lo habitual han sido días nubosos, de nubosidad inconsistente —salvo a mediados de mes que cayó mucha agua—, ambiente tibio y escasos de sol. Con esto y el alargamiento de las tardes, muy notorio ya, los animales se han puesto de novios y hasta las cigüeñas, bastante antes de San Blas, han arribado a la torre de la iglesia de Villanueva.

Pero decía que las liebres salían ayer de dos en dos, generalmente largas y palmariamente retozonas. Estos apareamientos prematuros suelen ser muy apropiados para el doblete de pelo. Yo mismo, de no tener un día negado, lo hubiera conseguido ayer con la pareja que me arrancó de una junquera, pero la primera se me ocultó en un quiebro repentino y entonces volví precipitadamente el arma a la segunda y, después de foguear sobre ella, retorné de nuevo a la primera. Total, que me quedé sin ninguna, aunque a la tarde, al manear con parsimonia la cerviguera donde se refugiaron, encontré muerta una de ellas, junto a una carrasca, a menos de doscientos metros de donde la había disparado.

La liebre suele tener fama de atolondrada, pero yo no estoy de acuerdo. Ayer, al alcanzar una de ellas la cerca metálica que acota el campo de las novillas, pensé que cogería alambrera arriba y mi hijo podría tirarla a placer, pero ¡cá!, el bicho se escurrió bonitamente bajo el último alambre y nos dejó bocas. La actitud de la liebre ante cualquier obstáculo demuestra que no es tan simplona como algunos pretenden. En una dehesa de Salamanca, yo he visto saltar a una liebre una tapia de más de un metro de altura. La liebre embalada suele brincar con mucha destreza. Por contra, la rabona que gazapea, que no ha tomado carrerilla, suele amonarse en un mato al topar con el obstáculo y allí aguanta hasta que uno la pisa. Esta argucia se la vi poner en práctica a una liebre que huía de mi hermano en Sevilleja de la Jara, aunque a la postre no la sirviese de nada.

El día de amor y de pelo se confirmó al urdir una trampa al raposo en el picón de monte que linda con las tierras de Serrada, justo en el mismo lugar donde yo bajé uno en el mes de noviembre pasado. Manolo y yo nos apostamos en la chopera, mientras los dos chicos con el perro movían el sardón. Y, cosa bonita, no vino un solo bicho sino la parejita, primero el macho —que yo erré lastimosamente y paró Manolo del segundo— y, luego, la hembra, escamada por los disparos, deteniéndose de cuando en cuando junto a los chopos, observando. De pronto, a cuarenta metros de Manolo, pegó un brinco, volvió grupas y se echó de nuevo al picón, mientras mi hermano le abría un colador en las posaderas de dos rápidos disparos. Pero aún estamos preguntándonos: ¿Por qué se volvió esa zorra? ¿Nos vio? ¿Nos oyó? ¿Nos olió? Adivine usted este acertijo. En la caza todo cabe. Y más con el raposo cuya escama es proverbial.

La media naranja
(3 febrero 1974)

Se acabó lo que se daba; otra temporada que se fue. El cazador, que cuenta por temporadas como el estudiante cuenta por cursos, no por eso alarga su vida. La temporada, el curso o el año son igualmente efímeros, dan poco de sí.

La despedida la efectuamos, contra lo previsto, en la finca de Temprano, de la parte de Campos, un cazadero de siembras y monte de encina como tantos otros en Castilla. La idea inicial era haber cerrado en Santa María, que este año por pitos o por flautas hemos visitado poco, pero la nevisca insistente del sábado nos hizo desistir. Abandonamos, pues, la patirroja y nos fuimos al pelo, pues ya Rafael me había advertido que su finca da poca perdiz. Claro que poca es algo, pues ayer, fuera de Luis, que disparó a dos, los demás ni las vimos el pelo. La jornada fue esencialmente lebrera —nueve cobramos—, con el ornato de dos gazapos, dos torcaces y una zurita. En esto de las palomas —liebre no se me arrancó ni una y las había en cantidad— tuve suerte, pues emplomé una zurita al paso y bajé una torcaz de las mismísimas nubes.

Quien nos dio una lección ayer fue Luis, mi yerno, que se hizo con un morral de cinco liebres y un conejo. El caso de mi yerno es un caso de estudio. Hasta el año pasado —es decir, dos temporadas, ya que antes no le dio por esto— tiró con una escopeta del 12, heredada de su abuelo, y la verdad es que no le fue bien. La cuadrilla atribuía sus irregularidades a los balbuceos de la iniciación, pero este año decidió arrinconar aquella escopeta y tirar con una del 20 y en pocos días ha demostrado que puede rayar a muy digna altura. Y, ante esto, cabe preguntar: ¿Es que una escopeta del 20 es más *matadora* que una del 12? Esto, entiendo yo, es como preguntar si una mujer gorda es más útil que una delgada o una alta que una baja. En escopetas, como en mujeres, no hay un calibre *mejor* que otro. A unos les gusta más un calibre más corto y a otros uno más largo. La cuestión estriba —mujer o escopeta— en acertarse con ella.

A mi hijo Juan, que todavía el año pasado tiraba con una carabina del 16 de un solo caño, le iba muy bien. Pero esta temporada que premié su COU con una del 12 de tubos superpuestos le ha costado Dios y ayuda acertar a un baúl. Cuando uno no empieza de niño con el arma que ha de usar siempre, el cambio es un problema grave. Y no sólo es el peso, el grosor, la contundencia del retroceso, las medidas de culata, con ser importante. El problema es encontrar, como en el matrimonio, la media naranja. Y del mismo modo que hay hombres que cada día que pasa se entienden peor con su mujer, hay cazadores que no llegan a entenderse nunca con la escopeta que manipulan. Es una cuestión de suerte, de armonía, de equilibrio, de hallar nuestro complemento.

206

Teóricamente, la escopeta del 20 alcanza menos y abre menos que la del 12, pero si uno se acierta mejor con ella, la encara con más presteza y toma los puntos mejor, no cabe duda que ésa es su escopeta. En principio a todo hombre le parece bonita su mujer. Ahora bien que haga *pendent* con ella o que no lo haga es ya otro problema. Y Luis, mi yerno, ha encontrado inesperadamente en su escopeta del 20 lo que no había encontrado en la del 12, aunque sí, por supuesto, en su mujer: seguridad.

Pero dejémonos de divagaciones. La temporada 1973-74, que acabamos de rematar, no ha sido en modo alguno brillante. Cifras cantan: 103 perdices, 64 liebres, 12 conejos y 6 varios (3 zorros, 2 becacinas y 1 avefría), que repartidos en setenta y cuatro jornadas-cazador, dan un promedio de 2,85 piezas por escopeta y día. Este índice, superior al de la temporada anterior en 0,75, puede resultar engañoso a la hora de estimar la marcha de la caza en Castilla, supuesto que el mayor volumen de nuestras perchas se ha conseguido en los dos desplazamientos al sur, Sevilleja de la Jara y Valdelagua con 34 y 38 piezas respectivamente. Si prescindimos de estas salidas, el índice por escopeta y día se reduce a 2,2, una décima más que la temporada anterior que fue una temporada rematadamente mala.

La caza, por tanto, en Castilla la Vieja, se ha sostenido. Hay partidas, sin embargo, que invitan a la reflexión. Tal la del conejo. Esta temporada hemos cobrado 12 tristes conejitos, contra 46 la pasada y 68 la anterior. La morbosa incidencia de la mixomatosis por esta comarca —aciertos y desaciertos aparte— me parece incontestable tras este somero estudio comparativo.

Y si pasamos a la especie reina, la perdiz, los saldos tampoco son como para frotarse las manos de gusto: tras la temporada 1971-72 que dio un balance de 158 patirrojas, vino la del 1972-73, muy canija, con 65 y, finalmente, la presente con 53 (prescindiendo de Sevilleja y Valdelagua). Cabe pensar que en estos dos días, aplicados a perseguir la perdiz en Castilla, hubiéramos alcanzado la cifra de la temporada anterior. Pero, aun admitiendo esto, ¿pueden considerarse 65 perdices entre 63 escopetas, esto es, una perdiz por escopeta y día, un saldo satisfactorio y, menos aún, esperanzador?

De mi agenda de notas viene a resultar que únicamente la liebre nos ha deparado una temporada curiosa, ya que el índice de 0,61 por escopeta y día en 1971-72, pasamos al 0,46 en la temporada pasada, para remontarnos a un 0,71 en la actual. En resumen, que a excepción de la rabona, que ha brincado este año por la Meseta con más alegría que en los anteriores, no hay el menor indicio de que el horizonte cinegético se despeje en Castilla. Al contrario, y dicho en términos bursátiles, la patirroja se sostiene con leve tendencia a la baja y el conejo se derrumba bajando muchos enteros.

Este libro se acabó de imprimir
en Limpergraf, S. L. Ripollet del Vallès (Barcelona),
en el mes de enero de 1996